101 weitere Dinge, die ein Eisenbahn-Liebhaber wissen muss

So mögen wir Eisenbahn-Liebhaber es am liebsten: Mit Volldampf dem Tag entgegen!
Foto: Volker Emersleben

Stefan Friesenegger

weitere 101 Dinge die ein Eisenbahn-Liebhaber wissen muss

Inhalt

Vorwort ... 7

1 Eisenbahn-Geschichte | Die älteste durchgehend betriebene Bahn der Welt ... 8
2 Höher, schneller, weiter? | Am Anfang steht die Vision 10
3 Die Zukunft war gestern | Erfolglos in Deutschland ... 14
4 Lost Trains | Verlassen und vergessen ... 17
5 Das älteste in Originalgestalt ... | ... erhaltene Stationsgebäude 20
6 Bahnland NRW | Das dichteste Streckennetz Europas ... 22
7 Der Rheingold | Luxusklasse in der deutschen Eisenbahn ... 24
8 Der I K-Zug | Einer der schönsten Züge der Welt ... 26
9 Die Romantische Schiene | Erinnerungen an die »gute alte Zeit« ... 30
10 Die Perspektive macht's! | Luftaufnahmen von Eisenbahnen ... 32
11 Einmal Pacific und zurück! | Laufleistung: über 3.722.000 Kilometer ... 36
12 Historische Fahrten ... | ... dank zweier Museumsbetriebe ... 37
13 Loklegenden der Schweiz | Die Krokodile der RhB und der SBB ... 38
14 Der Rote Pfeil | Vielversprechender Start, später Erfolg ... 41
15 Vierstromtriebzüge | Elegant und exklusiv: der TEE der Schweiz ... 44
16 Mythos Gotthard | Die sagenumwobene Schöllenenschlucht ... 46
17 Die Steilste der Welt | Hoch hinauf auf den Pilatus ... 48
18 Die Königin der Berge | Zahnrad-Triebwagen der Rigi-Bahnen ... 50
19 Wer hat's erfunden? | Der längste Reisezug der Welt ... 52
20 Schweizer Präzision | Die BB Ge 2/2 der Berninabahn ... 53
21 In grüner Robe | Die größte Bestellung der SBB ... 54
22 Eine Lok-Geschichte | Gezählte Tage einer Baureihe? ... 55
23 Fremdeinsatz | – mit Sinn und Geschmack ... 56
24 MIB X 10 | Wenn mal wieder Schnee liegt 57
25 Eisenbahn-Ensemble | Eine perfekte Untermalung ... 58
26 Knoten-Punkt ... | ... und Bahnhof mit »Null-Stunden-Stein« ... 60
27 Das Tor zu Graubünden | Größtes Gebäude in der Geschichte der RhB ... 62
28 Hoch überm Rhein | 457 Meter unter Denkmalschutz ... 63
29 Hinterrheinbrücke, die zweite! | Gesamtsieger Building Award 2021 ... 64
30 Über dem Abgrund | Ein 86 Meter langer Dreigelenkbogen ... 65
31 Geschliffener Diamant | Schnell, wendig und sicher ... 66
32 Interregio-Dosto | Doppelstöckig durch die Schweiz ... 67
33 La Ligne Verte | Die Lausanne-Echallens-Bercher-Bahn ... 68
34 Vorsicht: Kaiman | Zwischen Messina und Catania ... 69

35 Frecciarossa 1000 | Hochgeschwindigkeitszüge der anderen Art 70
36 Gondeln am Bahnhof? | Kathedrale anstelle einer alten Kirche 72
37 Um den Ätna herum | Unterwegs auf schmaler Spur 76
38 Vespa auf Schienen? | Vorreiter in Sachen Materialverbindung 77
39 Bus-Draisine und Lkw-Lok | Schienenfahrzeuge Marke Eigenbau 78
40 Charakterkopf | Spitznamen muss man sich gefallen lassen 80
41 Brotbüchsen & Motorräder | Der Semmering in Tschechien 81
42 Die Draubrücke … | … und der neue Flirt 4 der SŽ 82
43 Brücke des Friedens | Wenn aus Stahl Beton wird 83
44 »Kennedy« in Bosnien | Dieseldonner neben einem Lok-Friedhof 84
45 Schaukelnd durchs Banat | Bahnfahrt an der Grenze zu Serbien 85
46 Die höchste Europas | Das Mala-Rijeka-Viadukt 86
47 Das rote Wahrzeichen … | … für den Eisenbahnbau in Schottland 88
48 The Royal Scotsman | Roter Teppich und Dudelsackpfeifer 90
49 Rettung vom Schrottplatz | Älteste privat aufbewahrte Lok ihrer Klasse 92
50 Made in Manchester | Großbritanniens Älteste 94
51 Vorne oder Hinten? | Wenn man sich nicht entscheiden kann 97
52 Welsh Highland Railway | Von Porthmadog nach Caernarfon 98
53 Alle reden von Feinstaub | – wir erzeugen Grobstaub! 99
54 Eine zauberhafte Bahnreise | Auf den Spuren von Harry Potter 100
55 Mord im Orient-Express? | Der berühmteste Zug der Welt 102
56 Die Eisenbahnkathedrale | Ein Bahnhof mischt ganz vorne mit 108
57 Superlativ Bahnhof | Groß, teuer und auch noch lang 112
58 Grand Central Terminal | Ein Bahnhof mit vielen Geheimnissen 116
59 Big Boy-Land … | … einst und heute 120
60 Rail Giants | Legenden aus Stahl 122
61 Streamliners | 167,8 Tonnen Dieselpower 124
62 Big Boy is back | Der »große Junge« dampft wieder 126
63 KiwiRail of New Zealand | Durch das Land der Erdbeben und Vulkane 130
64 Driving Creek Railway | »Dead-end« – wortwörtlich? 132
65 Von Adelaide bis Darwin | Eine Eisenbahnfahrt der Superlative 134
66 Die Entenschnabel-Nase | Hochgeschwindigkeit mit Shinkansen E5 135
67 Fensterplatz obligat | – wenn der Shinkansen auf den Fuji trifft! 136
68 Höhenkrankheit inbegriffen | Die höchstgelegene Bahnstrecke der Welt 138
69 中国铁道博物馆 … | … das Chinesische Eisenbahnmuseum 140
70 Disziplin trotz Größe | Aus der Ruhe kommt die Kraft! 144

71 Die Perle des Orients | Shanghai – als gäbe es kein Gestern 146
72 Symbol des Widerstands | Eisenbahn der Ukraine – zuverlässig trotz Krieg 150
73 Selbstgemachtes am Gleis | Essen und Trinken als Reiseabenteuer 154
74 Kesselfrisch | Wenn Loks zum Starkoch werden 156
75 Die Höhlen des Oman | Auf schmalen Gleisen unterwegs 157
76 Die rote Eidechse | Staub, Atlas und Smith & Wesson 158
77 Marokko und die Bahn | Mit Hochgeschwindigkeitszügen in die Zukunft 160
78 Wo der Pfeffer wächst | Luftfederung der anderen Art 161
79 Eritrean Railway | Einzigartig und spektakulär 162
80 Nichts für schwache Nerven! | Abenteuerliche Eisenbahnbrücken 164
81 Tausende Kilometer Luxus | Der Eastern and Oriental Express 165
82 Israel Railways | Alte Bekannte aus Deutschland 166
83 Kunst am Bahnsteig | – zur Verkürzung der Wartezeit 167
84 Schienenkunst | Die Eisenbahn als omnipräsentes Symbol 168
85 Rollende Plakatwände | Die Werbung und ihr Wirkungsgrad 169
86 Die Wucht alter Bilder | Zeitzeugen für Eisenbahnliebhaber 170
87 Gigantin aus Stahl | Die Größte, Schwerste, Schnellste und Stärkste 172
88 Die Koningshavenbrug | Industriedenkmal und technische Schönheit 174
89 Gefahr im Güterverkehr | Ein neuer Trend in den USA? 176
90 Wie sicher ist Bahnfahren? | Sinkende Unfallzahlen machen Mut 176
91 Rechts vor links? | Bahngleis kreuzt Rollbahn 178
92 Waffentransport per Bahn | Mammut-Mission Panzer-Transport 179
93 Folgen des Klimawandels | Reaktionen der Deutschen Bahn 180
94 Vollständige Kreislaufwirtschaft | Ressourcenschutz durch Recycling 182
95 Wenn das Rot verblasst | Das Ende einer ganz Großen ihrer Art 184
96 Zweckentfremdungen | Für was Eisenbahnen herhalten müssen 185
97 Watt denn? | Auf dem Lorendamm zur Hallig 186
98 Lost and found | Fundsachenmanagement der Bahn 187
99 Bahn-Zeit | Kann ich die Uhr nach der Bahn stellen? 188
100 Hoch über dem Polarkreis | Die nördlichste normalspurige Bahnstrecke Europas 189
101 Weihnachtsstimmung | Einer der schönsten Momente mit der Bahn 190

Quellenangaben 191
Impressum 192

Vorwort

Etwas Gutem gleich zu tun, ist nicht leicht.

Nachdem sich der Titel »101 Dinge, die ein Eisenbahn-Liebhaber wissen muss« über so viele Jahre in seiner Kategorie nahezu durchgängig auf Platz eins gehalten hat, sollte ein weiteres Werk entstehen, um den Eisenbahnliebhaberinnen und -liebhabern neuen Lesestoff zu bieten. Die zusätzliche Vorgabe des Verlages aber lautete: »… etwas mehr aus dem Ausland«. Das ist nicht verkehrt, denn Reisen ist bekanntermaßen auch gut gegen Vorurteile!

Der vorgenannte Titel war mein erstes Buch, welches ich für den GeraMond Verlag geschrieben habe. Mit ihm lernte ich meinen Programmleiter kennen. Über die Jahre entstand eine enge Zusammenarbeit, ja eine Freundschaft. Von ihm habe ich viel gelernt und ihm bin ich für vieles dankbar!

Durch die spannenden, aufregenden und schönen Jahre zusätzlich angespornt, entstand nun dieses Buch.

Ich bin mir sicher, dass die Eisenbahn – so sehr sie sich auch verändert hat – weltweit unverändert attraktiv ist und uns allen Freude bereitet!

Von den Großen in den Vereinigten Staaten, den exklusiven Zugreisen bis hin zu den wirklich und vor allem durchgängig Schnellen in Japan, aber auch den ganz frühen Lokomotiven, die heute glücklicherweise noch im musealen Dienst stehen, sollte für alle etwas enthalten sein.

Viel Freude mit diesem Buch,
Ihr *Stefan Friesenegger*

Für Lothar

Allen Bild- und Informationsgebern möchte ich meinen herzlichsten Dank aussprechen!

Eisenbahn-Geschichte

1

Die älteste durchgehend betriebene Bahn der Welt

Auch wenn der Begriff »Eisenbahn« weit in die Vergangenheit zurückreicht und verschiedene Zeiten für die Erfindung der ersten Eisenbahn angegeben werden, so sind die Entwicklungsschritte mit Lokomotiven als wirtschaftliches Transportmittel dem 19. Jahrhundert zuzuschreiben. Zunächst stand jedoch die Beförderung von Kohle, die England, Wales und Schottland zur Hochburg der Förderung machte, im Mittelpunkt. In Middleton wurde Kohle seit dem 13. Jahrhundert gefördert. Mühevoll und zudem zeitaufwendig musste die Kohle mit Karren über nicht ausgebaute Wege nach Leeds gebracht werden. Zur Steigerung des Transportvolumens gründete Charles Brandling als Besitzer zahlreicher Kohlengruben 1758 eine Bahn. Sein Antrag fand beim Parlament Zustimmung. Noch im selben Jahr konnte die von Pferden gezogene »tramway« ihren Betrieb aufnehmen. Die hierbei verwendete Technik beruhte auf einem Lösungsvorschlag seines Verwalters, der eine dauerhafte Einrichtung von Holzschienen auf einer dafür vorgesehenen Trasse vorsah.

Entwicklungen nehmen Fahrt auf

Etwa vierzig Jahre später wurden anstelle der Schienen aus Holz Schienen aus Eisen eingesetzt. Das Holz nutzte sich aufgrund der hohen Belastung zu schnell ab oder es vermoderte auf dem feuchten Boden, da es der Witterung ungeschützt ausgesetzt war. Damit wurde England, aber auch Schottland, eine Vorreiterrolle in der Industrialisierung des späten 18. und des frühen 19. Jahrhunderts zuteil. Zur Reduzierung der Transportkosten musste neben der Anlage eiserner Schienenwege auch ein Ersatz für den aufwendigen Einsatz von Pferden gefunden werden. Unzählige Versuche wurden vollzogen. Eines der Vorbilder für den Ersatz waren sicher die ortsfesten, dampfbetriebenen Antriebe der Grubenbahnen. Mit dem Patent No. 3431, welches den Antrieb einer beweglichen Dampfmaschine beschreibt, deren Antrieb über Zahnräder auf die parallel zur Schiene angebrachten Zahnstangen eingreifen und so die Lokomotive in Bewegung bringen, entstand die erste Zahnradbahn der Welt. Sie nahm am 12. August 1812 als Industriebahn ihren Betrieb auf und verhalf Leeds im Norden des Landes zu seinem wirtschaftlichen Aufschwung.

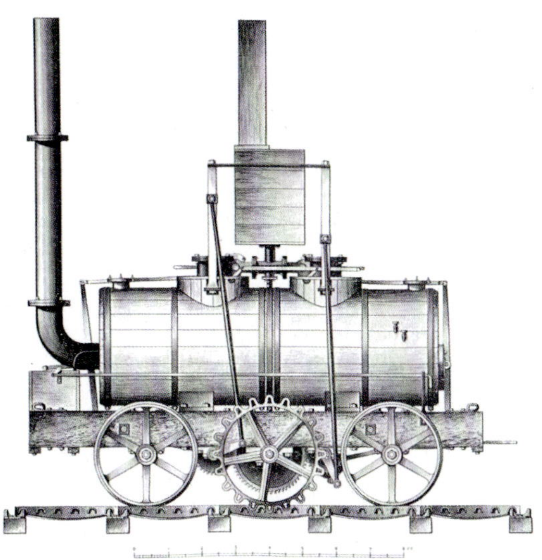

Die erste »Zahnradbahn« der Welt mit der Lokomotive Salamanca von 1812. Doch 1818 explodierte die Lokomotive, der Lokführer hatte nicht genug Wasser nachgefüllt. Er wollte offensichtlich seine Macht über die Maschine demonstrieren und starb infolge des Unfalls. Bild: Originalgravur von 1929, gemeinfrei

Viele Besonderheiten – eine Bahn

Die Middleton Railway ist zwar eine Eisenbahn wie eben andere auch, doch sie bietet viele Besonderheiten. Sie ist vor allem die erste Bahn, für deren Bau ein Gesetz erlassen und für die bereits ein gelernter Lokführer eingesetzt wurde. Zudem ist sie die erste »Zahnradbahn« der Welt. Die Bahn wurde mit Lokomotiven betrieben, die technisch, aber auch wirtschaftlich als erfolgreich bezeichnet werden konnten. Sie besaßen bereits erste Sicherheitsventile und waren mit zwei Zylindern ausgestattet. Leider ist bei dieser Bahn auch das erste offizielle Verkehrsopfer zu verzeichnen. Doch die erste öffentliche Bahn ist seit ihrer Gründung im Jahr 1758 bis heute in Betrieb, was sie zur ältesten durchgehend betriebenen Eisenbahn der Welt macht. Seit 1960 wird die einst privat betriebene sowie privat finanzierte Bahn von den Freiwilligen eines Museumsbahnvereins unterhalten. Wenn dann die Bahn an Wochenenden und Feiertagen verkehrt, wird ihre Geschichte allerorts sichtbar. Hier ist man sich vor allem des historischen Erbes noch bewusst.

Höher, schneller, weiter?

Am Anfang steht die Vision …

2

Wer glaubte schon im Jahr 1800 daran, dass einmal eine Eisenbahn die so alteingesessenen Fuhrwerke oder Kutschen ablösen würde? Damals wie heute werden Visionäre belächelt und nicht immer gleich ernst genommen. Und dennoch ist es dem britischen Ingenieur und Erfinder Richard Trevithick schon 1804 gelungen, eine verwendbare Lokomotive zu konstruieren. Bereits sie basierte auf einem System, das sich für so viele Jahrzehnte durchsetzen sollte.

Auf ein Fahrgestell war eine starke Dampfmaschine montiert, deren Leistung ausreichte, um das Gefährt zu bewegen. Zur ersten öffentlichen Eisenbahn sollte schließlich die Fahrt von George Stevenson mit seiner Locomotion No. 1 im September 1825 werden. Sie bewältigte dabei eine

Bereits auf der Expo 1961 in Turin verfehlte die futuristische Wirkung des Verkehrsmittels Monorail seine Wirkung nicht. Inmitten der Zeit des Wirtschaftswunders wurden die unterschiedlichen Versuche, die herkömmliche Eisenbahn in ihrer Leistung zu überbieten, mit großem Interesse wahrgenommen. Bild: DB Museum, Sammlung Wontorra

knapp 40 Kilometer lange Strecke. Neben dieser Leistung galt auch die erreichte Geschwindigkeit von fast 17 Kilometern in der Stunde als ein technischer Meilenstein. Doch das war nur der Anfang. Ob Eisenbahn oder Automobil, ob Flugzeuge oder die Mondfahrt, immer wieder überraschen uns Visionäre mit ihren Ideen. Was mussten die Menschen empfunden haben, als im Mai 1971 in Ottobrunn bei München die Magnetschwebebahn von Messerschmitt-Bölkow-Blohm (MBB) auf einer Versuchsstrecke und noch im gleichen Jahr der Transrapid aus dem Hause Krauss-Maffei ihr Debüt feierten?

Ein anderes Beispiel bietet die Wuppertaler Schwebebahn mit ihrer heutigen 13 Kilometer langen Strecke. Mit der Vorstellung des Bauvorhabens am 15. Oktober 1895 wurde sie von ihren Gegnern als »wahnsinniges Unterfangen« bezeichnet. Längst ist die Schwebebahn das Wahrzeichen Wuppertals und wird von den Wuppertalern selbst als staufreies und schnelles Verkehrsmittel angenommen. Bereits in den 1970er-Jahren finden wir Visionen, deren Inhalt in etwa das zeigt, was uns Elon Musk im Jahr 2013 vorstellte: Ein System aus Röhren, in denen ein gewisses Vakuum herrscht. Darin schweben Kapseln durch Magnetismus angezogen und wieder abgebremst mit außerordentlich hohen Geschwindigkeiten von einem zum nächsten Bahnhof. Was damals noch als Superzug mit Propellerantrieb bezeichnet wurde, trägt heute den Namen Hyperloop. Ob sich ein

Nahezu unglaublich: Eine Vision des Illustrators Günter Radtke aus dem Jahr 1974 mit einem Superzug in einer Röhre, der von einem Propeller angetrieben wird, ähnelt schon stark der Idee von Elon Musk. Auch hier träumt der Visionär von einem schnellen Transport von Menschen. Bild: DB Museum, Zeitlupe

System wie der Hyperloop durchsetzen wird, ist heute eine noch offene Frage. Eine Magnetschwebebahn hätte es vom Münchner Hauptbahnhof zum Flughafen München II beinahe geschafft. Doch gerade bei solchen Innovationen finden sich immer wieder Gegenspieler, die eine mögliche Zukunft ausbremsen. In Shanghai schwebt man jedoch bereits mit hohen Geschwindigkeiten zum Flughafen. Mit dem Transrapid Shanghai wird die etwa 30 Kilometer lange Strecke in Abhängigkeit zum jeweiligen Zeitfenster in gut siebeneinhalb Minuten bis etwas über acht Minuten bewältigt. Die Maximalgeschwindigkeit liegt dabei zwischen 330 und 430 Kilometer in der Stunde. Der Verkehr der Zukunft ist also möglich und ist kein Science-Fiction!

Blicken wir in die Gegenwart, wird vermehrt an einem System gearbeitet, das sich als Rohrpost verstehen lässt. Menschen würden mit Geschwindigkeiten von bis zu 1.000 Kilometern in der Stunde von München nach Berlin in nur einer Dreiviertelstunde reisen. Dabei gilt es vor allem in den Ballungszentren Platz zu sparen, den Wartungsaufwand sowie die Betriebskosten zu senken und darüber hinaus umweltfreundlicher zu werden. Sind also die vielerorts als Irrwege abgetanen Ideen doch eine Chance, nachhaltiger zu transportieren und zu reisen? Klar dürfte längst sein, dass in so mancher Utopie von heute eine Menge Potenzial für morgen steckt! Hierbei stellt sich so manchem Eisenbahnliebhaber aber die Frage nach der

Der Transrapid der 1950er-Jahre: Eine Einschienen-Hochbahn, die von Elektromotoren angetrieben wurde und die Kraft über Gummiräder auf die Betonschiene übertrug. Das Bild zeigt das erste Testfahrzeug der Alwegbahn bei der Eröffnung der 1,8 Kilometer langen Teststrecke in Köln-Fühlingen. Bild: DB Museum, Zeitlupe

Wusssten Sie schon?

Das DB Museum in Nürnberg hat in einer großen Sonderausstellung unter dem Titel »Futurails« viele der Schienenutopien zusammengestellt und zeigt auf perfekte Weise darin, was aus so mancher Idee geworden ist. Es mutet beinahe bizarr an, wenn auf der einen Seite die ersten Eisenbahnen und auf der anderen Seite die Utopien aus drei Jahrhunderten präsentiert werden.

Freude an der Reise selbst. Wo bleibt die Wahrnehmung der Landschaft und der Ortschaften, durch die man fährt? Wer jedoch bei einer Bahnfahrt einmal um sich blickt, sieht eigentlich nur Menschen, die ihr Laptop oder ihr Handy betrachten, die also von ihrer Umgebung gar nichts mehr wahrnehmen. Warum sich demzufolge nicht in eine Konservendose setzen und nach nur wenigen Minuten am Zielort aussteigen?

Nächste Station: Beamen?

Wie bereits in der Vergangenheit auch, haben sich so manche als Utopie bezeichnete Technologien durchgesetzt und sind nicht mehr wegzudenken. So manches Mal wurden Innovationen aber in ihrer Entwicklung überholt, waren zu kostspielig oder es stellte sich ihnen eine Wirtschaftskrise oder ein Krieg in den Weg. Wir dürfen dennoch gespannt bleiben, welche Wege und Irrwege die Eisenbahn noch erleben wird.

Die Zukunft der Eisenbahn? Dieses Bild zeigt eine Vision eines Hyperloop-Fahrzeugs der TU München. Bild: DB Museum, Next Prototypes

Die Zukunft war gestern

3

Erfolglos in Deutschland

Einst in den 1960er-Jahren entwickelt und Ende desselben Jahrzehnts von Krauss-Maffei aus München vorgestellt, galten Magnetschwebebahnen als eine weitere zukunftsweisende Variante der Hochgeschwindigkeitszüge. Auch Messerschmidt-Bölkow-Blohm entwickelte Fahrzeuge mit dieser Art des Antriebs. Das Thema des reibungslosen Fahrens mit Magneten war bald in aller Munde. Rekordgeschwindigkeiten waren zum Greifen nah. Den bislang letzten Versuch zur Verwirklichung gab es in Deutschland mit der geplanten Strecke zwischen dem Münchner Hauptbahnhof und dem Franz-Josef-Strauß-Flughafen. Bis Ende 2011 sollte die etwa 37 Kilometer lange Transrapid-Strecke fertiggestellt und die bestehende S-Bahn-Linie ersetzt werden. Doch daraus sollte nichts mehr werden, als zu unwirtschaftlich sah die Politik den Einsatz dieser Bahn.

In Japan hingegen kommen Magnetschwebebahnen mit Geschwindigkeiten von bis zu 600 Kilometern in der Stunde zum Einsatz. Auch China

Im Urban Planning Exhibition Center Shanghai wird der Transrapid als Transportmittel der Zukunft beworben. Ende 2002 konnte die erste Magnetschwebebahn mit deutscher Beteiligung ihren Probebetrieb aufnehmen. Bild: Stefan Friesenegger

ist von dieser Art der Fortbewegung überzeugt. Am letzten Tag des Jahres 2002 wurde der Probebetrieb des Transrapid Shanghai aufgenommen. Mit ihm wird seither der Flughafen Pudong mit einem Außenbezirk Shanghais in der Nähe des Messezentrums verbunden. Und der Erfolg der etwa 30 Kilometer langen Strecke spricht für sich. Gerade einmal knapp siebeneinhalb Minuten benötigen die Fahrgäste hierfür. Die Höchstgeschwindigkeit liegt bei etwa 430 Kilometer in der Stunde.

Magnetschwebebahn – ein ideales Bindeglied

China setzt auch weiterhin auf diese Technologie. Da Autobahnen, Züge und Flüge regelmäßig überfüllt sind, möchte die Regierung des Landes bis 2050 Magnetschwebebahnen als ein zentrales Element des Verkehrsplans aufnehmen und dazu neue und noch schnellere Fahrzeuge einsetzen.

Magnetschwebebahnen werden in China also als Bindeglied zwischen dem Flugzeug und den Hochgeschwindigkeitszügen gesehen. Flugzeuge haben hinsichtlich der Geschwindigkeit die Nase zwar vorn, ihr Anteil an Sitzplätzen ist jedoch geringer und darüber hinaus nimmt das Einchecken

Seine Entwicklung fand ausschließlich in China statt. Auf der Teststrecke in Qingdao in der Provinz Qingdao ist er bereits 2021 mit einer Geschwindigkeit von 600 Kilometern in der Stunde unterwegs. Das Hochgeschwindigkeits-Magnetschwebe-Transportsystem ist das erste weltweit, das für eine solche Geschwindigkeit ausgelegt ist. Bild: picture alliance, Zhang Jingang, Costfoto

und Boarding zu viel Zeit in Anspruch. Gegenüber den Hochgeschwindigkeitszügen spielen künftige Magnetschwebebahnen ihren Vorteil aus: Sie werden fast doppelt so schnell unterwegs sein wie ihre schienengebundenen Verwandten. Bisher galten die Kosten immer als unüberwindbare Hürde. Doch in China scheint das keine Rolle zu spielen. Ganz im Gegenteil: Zur Verkürzung der Reisezeit, etwa zwischen Peking und Shanghai, soll hier eine über 1.000 Kilometer lange Strecke entstehen und eine unterstützende Lösung der bestehenden Verkehrsprobleme im Land bieten. Zudem kann das Land mit solchen Projekten die Konjunktur am Laufen halten und einem sinkenden Wachstum entgegenwirken, auch indem es Arbeitsplätze schafft. Doch der Bau einer solchen Strecke ist teuer. Auch wenn eine Magnetschwebebahn keine beweglichen Teile, wie etwa Räder oder einen Motor, besitzt, die sich abnützen können, so ist es vor allem der Fahrweg, der ins Geld geht. Um über ihrem Fahrweg schweben zu können, müssen darin elektromagnetische Spulen vorhanden sein, anhand derer das Fahrzeug abgestoßen und bewegt wird. Damit wird der gesamte Fahrweg aber zu einem riesigen, langgezogenen Elektromotor. Wenn jedoch etwa 1.000 Kilometer in rund zwei Stunden überwunden werden können und dabei auch noch Ökostrom zum Einsatz kommt, scheinen die Hürden dahinzuschmelzen. Das gilt besonders dann, wenn das alles dazu beiträgt, das Land seinen Zielen bei der Luftreinhaltung näherzubringen.

Die Volksrepublik ist derzeit dabei, gigantische kombinierte Windkraft- und Solarparks am Südrand der Wüste Gobi zu bauen, die für den notwendigen grünen Strom sorgen sollen. Eine erste Anlage am Südrand der Wüste ging laut Medienberichten im April 2023 mit einer Leistung von 100 Gigawatt online.

Neue Bahnen ohne deutsche Beteiligung

Obwohl im Land drängende Energieprobleme im Raum stehen, sieht China in den durch magnetische Kräfte in der Schwebe gehaltenen, angetriebenen oder gebremsten Zügen eine Zukunft. Eine Technologie, die in Deutschland als unwirtschaftlich abgetan wurde und deshalb nie zum Einsatz kam. Und im Gegensatz zum ersten Projekt aus dem Jahr 2002 wird Deutschland bei den Planungen und Umsetzungen künftiger Projekte nicht mit dabei sein. Ganz ohne an die Öffentlichkeit zu treten, haben chinesische Ingenieure im Hintergrund die Magnetschwebebahn weiterentwickelt. Und wie auch immer sie aussehen wird, eine gewisse Ähnlichkeit zum deutschen Transrapid ist ihnen dennoch anzusehen. Jetzt fehlt nur noch das notwendige Trassennetz, mit dem die großen Städte miteinander verbunden werden.

Lost Trains

4

Verlassen und vergessen

Wo auf der einen Seite die Blicke in die Zukunft gerichtet sind, können an vielen Orten dieser Erde verlassene und vergessene Wagen, Lokomotiven oder gar ganze Bahnanlagen der Vergangenheit angetroffen werden. Selbst in unserem wahrhaft dicht besiedelten Land ist das der Fall. Doch solch einen gespenstischen Anblick vergisst man nicht so schnell. Die einstige Bedeutung des Schienenverkehrs zeigt sich im Rahmen dieses Niedergangs sehr drastisch – dabei kommt nicht selten Wehmut auf. Hin und wieder aber lösen solche Begegnungen mit der Faszination des Vergessenen einen schaurig-schönen Reiz und damit einen Nervenkitzel aus.

Der Allgemeinheit in aller Regel nicht ohne Weiteres zugänglich, sind diese vergessenen Orte zumeist dem Verfall anheimgestellt. Doch was heißt »nicht ohne weiteres zugänglich«? Immer wieder sind die vergessenen

Das Gleis zeigt die Zufahrt zur Künkele-Mühle in Bad Urach. Sie besaß früher einen eigenen Gleisanschluss zur Ermstalbahn im Bahnhof Bad Urach. Doch diese Weiche ist sicher für immer gestellt. Solche Szenen sind in ganz Deutschland anzutreffen – aber sie werden weniger! Bilder: Korbinian Fleischer

Eisenbahnwagen oder Bahngelände nicht einmal gegen Zutritt gesichert und können somit leicht erforscht werden. Über die vielen Jahre, in denen sie der Witterung und anderen Einflüssen ausgesetzt waren, lauern hier jedoch zahlreiche Gefahren! Dennoch: Viele Menschen fühlen sich gerade von solchen Orten angezogen. Die morbide Schönheit des Verfalls entfaltet in ihnen eine besondere Wirkung. Die Innenräume alter Hallen, Eisenbahnwagen oder die Führerstände vergessener Lokomotiven haben ihren eigenen Reiz, sie faszinieren.

Auf dem Abstellgleis

Vor allem in östlichen Teilen Europas tut man sich offenbar mit ausrangiertem Bahnmaterial leicht. Was nicht mehr gebraucht wird, bleibt einfach auf nicht mehr benutzten Nebengleisen stehen und verrottet. Noch einfacher scheint es in fernöstlichen Gefilden oder auch Afrika zu sein. Aber wir müssen gar nicht so weit blicken. Selbst in Dinkelsbühl, einer beschaulichen Kreisstadt in Mittelfranken, standen viele Jahre Autoverladezüge direkt gegenüber vom einstigen Bahnhof. Durch eine Reihe von

Ein fast schon gespenstischer Anblick! Einst wurden die roten Brummer eingesetzt, um die Nebenbahnen zu retten. Dann wurden sie unrentabel und verschrottet. Ein paar von ihnen wurden scheinbar vergessen. Jetzt findet sich offenbar niemand, um sie zu retten. Hier in Hermeskeil dienen die beiden Fahrzeuge der Baureihe VT 98 noch als Ersatzteilspender.

Bäumen etwas verdeckt, waren nicht nur die Gleise, sondern auch diese Wagen vollkommen überwuchert. Besonders dramatisch zeigte sich das an den Birken, die direkt zwischen den Wagen wuchsen und bereits eine beträchtliche Höhe erreichten. Doch mit dem Abriss des Bahnhofs verschwanden auch diese Lost Trains. Ein weitaus dramatischeres Beispiel bietet der sogenannte »Friedhof der Lokomotiven«. Hierbei handelt es sich um einen verlassenen Ort in Brandenburg. Im Wesentlichen stehen hier Lokomotiven der Baureihe 52 der Deutschen Reichsbahn. Von diesen Einheitslokomotiven wurden ab 1942 etwa 7.000 Stück gebaut. Die vollkommen verrosteten und überwucherten Lokomotiven bieten ein regelrechtes Weltuntergangsszenario. Auf drei Gleisen stehen hier neben ein paar Waggons und einem Kranwagen etwa 40 dieser ehemaligen deutschen Kriegslokomotiven.

Um solche »Grabstätten« zu finden, braucht man sich also im Grunde nur in der näheren Umgebung von Bahnanlagen umzusehen. Führen verrostete Gleise ins Nirgendwo, könnte man auf vergessenes Bahnmaterial stoßen. Auch wenn diese Gleise nicht mehr befahren werden können, ist es dennoch grundsätzlich verboten, sie zu betreten!

Die Baureihe 50 wurde ab 1939 als Einheits-Güterzuglokomotive gebaut und galt als eine der gelungensten Konstruktionen aus der Ära der Deutschen Reichsbahn. In ihren letzten Tagen zählte sie zur Universalgattung, da sie aufgrund ihrer geringen Achslast auch auf Nebenbahnen mit einem leichteren Oberbau einsetzbar war. Ein Teil von ihnen verrottet nun hier in Tuttlingen und bietet einen traurigen Anblick!

Das älteste in Originalgestalt …

5

… erhaltene Stationsgebäude im deutschsprachigen Raum

Beinahe wäre der erste Eisenbahnzug nicht zwischen Nürnberg und Fürth, sondern zwischen Köln und Müngersdorf gefahren! Doch das ist eine andere Geschichte. Nur knapp vier Jahre nach jenem großen Eisenbahnereignis in Franken, verlässt am 2. August 1839 ein Eisenbahnzug Köln und erreicht auf einer 6,7 Kilometer langen Strecke Müngersdorf.

Preußens König Friedrich Wilhelm III. vergab im Jahr 1837 der Rheinischen Eisenbahngesellschaft eine Konzession für eine Strecke, deren Bau in drei Abschnitten erfolgte. Mit dem Anschluss an das bereits bestehende belgische Schienennetz wird sie weltweit die erste internationale Eisenbahnstrecke und verbindet Köln mit dem Seehafen Antwerpen. Mit der Entstehung des »eisernen Rheins« (L. Camphausen) gehörten die Rhein-

Bahnhof Belvedere: Das im rechten Winkel zu den Gleisen in erhöhter Lage am Rande der Mittelterrasse des Rheintals stehende Empfangsgebäude bot einen eindrucksvollen Fernblick auf Köln und folgte damit dem klassischen Architekturtypus des »Belvedere«. Bild: Copyright Ute Prang

zölle Hollands fortan der Vergangenheit an. Die Strecke ist somit die Wiege der bis heute bedeutenden West-Ost-Magistrale Europas mit Köln als Knotenpunkt. Bei Inbetriebnahme der ersten Teilstrecke im Jahr 1839 bis Müngersdorf wurde auch das Stationsgebäude eröffnet, das sich in seiner Originalgestalt erhalten hat. Die Direktion der Rheinischen Eisenbahngesellschaft ließ mit dem Gebäude, das zugleich als Ausflugslokal diente, einen weitläufigen Park anlegen. Zusammen mit dem Stationsgebäude bildet er eine Einheit, welche als Denkmalensemble weit über Deutschlands Grenzen hinaus als einmalig bezeichnet werden darf. Hierher kamen in jener Zeit an den Wochenenden weite Teile der Kölner Bevölkerung, um sich vom Getriebe der Stadt zu erholen. Mit seinem hellen Quaderputz, den großen Fensterfronten und seinem stattlichen Balkon bot das glanzvolle Gebäude eine perfekte Szenerie für sonntägliche Spaziergänge.

In den 1850er-Jahren verlor die Station zunehmend an Bedeutung und wurde als Haltepunkt aufgehoben. Später ging das Gebäude in den Besitz der Stadt über und wurde als Wohnhaus genutzt. Es verfiel zusehends und stand ab 2010 leer. Seit 2011 kümmert sich der Förderkreis Bahnhof Belvedere e. V. in ehrenamtlicher Kooperation mit der Stadt Köln um das Gebäude. Es wird nach der Sanierung der Öffentlichkeit als Ort für Kultur, Bildung und Begegnung zugänglich gemacht. Damit erfährt das »Baudenkmal von nationaler Bedeutung« eine neue Nutzung und blickt einer rosigen Zukunft entgegen.

Neben seinem Äußeren kann auch das Entrée als herrschaftlich bezeichnet werden. Beeindruckend ist der Zeitpunkt seiner Entstehung, eine Zeit, in der die Bauaufgabe »Bahnhof« neu gestellt war und dadurch unterschiedlichste Ausprägungen erfuhr. Bild: © Förderkreis Bahnhof Belvedere e.V.

Bahnland NRW

Das dichteste Streckennetz Europas

6

Nordrhein-Westfalen ist Bahnland. Eisenbahngeschichte wurde hier schon früh geschrieben. Zudem hatte es sogar die steilste Bahnstrecke Europas. Zwischen Erkrath nach Hochdahl galt es, auf der nur 2,5 Kilometer langen Strecke 82 Höhenmeter zu überwinden. Für die damaligen Lokomotiven eine schier unüberwindbare Steigung. Die Ingenieure fanden jedoch eine Lösung. Sie verbanden die berganfahrende Lokomotive mit Ketten und Seilen über eine Umlenkrolle mit einer bergabfahrenden, die beim Anstieg half. Bald wurde die erste Strecke an internationale Eisenbahnverbindungen angeschlossen und Köln zum Tor nach Westeuropa.

Zahlreiche Superlative folgten. Vor über einhundert Jahren besaß Thyssenkrupp mit etwa 500 Kilometern Gleisen die größte Werksbahnanlage Deutschlands. Aktuell sind allein in NRW elf Eisenbahnverkehrsunternehmen anzutreffen. Mitglieder dieser Bahnfamilie sind die DB Regio NRW,

Den Wünschen Friedrich Wilhelm IV., König von Preußen folgend, geht es geradewegs auf den Dom zu, doch dann folgt eine scharfe Rechtskurve. Bild: Deutsche Bahn AG, Axel Hartmann

die Eurobahn, der National Express, die NordWestBahn, die Regiobahn, die RheinRuhrBahn, die Rurtalbahn, die TransRegio, die TRI Train Rental, die VIAS und die WestfalenBahn. An diesem für ganz Europa bedeutungsvollen Drehkreuz werden jeden Tag etwa 1,2 Millionen Menschen auf einem insgesamt rund 6.000 Kilometer umfassenden Streckennetz mit der Bahn befördert.

Einen weiteren Elativ bietet die Hohenzollernbrücke: Über sie fahren heute etwa 1.500 Züge am Tag! Einst stellte der Rhein das größte Hindernis für die Bahn dar. Es existierte noch keine Brücke. Das Königreich Preußen übertrug diese Aufgabe der Köln-Mindener Eisenbahn-Gesellschaft, knüpfte daran jedoch die Bedingung, dass die Brücke in Köln gebaut werden soll. Nach dem Willen Friedrich Wilhelm IV., dem König von Preußen, sollten die Züge zudem direkt auf den Kölner Dom zufahren. Am 3. Oktober 1859 wurde die damalige Dombrücke eröffnet. Ihre direkte Nachfolgerin wurde an der gleichen Stelle errichtet, jedoch 1945 durch die deutsche Wehrmacht gesprengt. Notdürftig wieder hergestellt, wurde sie schließlich abgerissen und bis 1959 abermals an dieser Stelle aufgebaut. Und auch heute noch fährt die Bahn über diese Eisenbahn- und Fußgängerbrücke direkt auf den Dom zu. Doch inzwischen wurde sie zur meist befahrenen Brücke Deutschlands. Sie ist ein Nadelöhr, durch das sich die Züge regelrecht zwängen. Ist die Brücke überquert, folgt eine extreme Rechtskurve. Bei etwa 280.000 Reisenden täglich stößt auch der Bahnhof längst an seine Grenzen. Platz für weitere Gleise gibt es hier nicht. Dabei soll sich die Fahrgastzahl bis 2030 verdoppeln …

Ein Drehkreuz für ganz Europa: Pro Tag werden über diese Gleise etwa 1,2 Millionen Menschen mit der Bahn befördert. Bild: Deutsche Bahn AG, Uwe Miethe

Der Rheingold

7 Luxusklasse in der deutschen Eisenbahn

Zwischen der Gründung der Deutschen Reichsbahn-Gesellschaft am 1. April 1920 und der ersten Fahrt des Luxuszuges Rheingold lagen rund acht Jahre. Der nach dem sagenumwobenen Nibelungenschatz im Rhein benannte Zug fuhr von Amsterdam sowie vom Fährhafen Hoek van Holland am Ärmelkanal über Zevenaar–Duisburg–Düsseldorf–Köln–Mainz–Mannheim–Karlsruhe–Baden-Oos–Freiburg bis Basel SBB und zuweilen bis Luzern oder Zürich.

Der Rheingold prägte die Geschichte der Eisenbahnen nachhaltig. Mit seinen Wandvertäfelungen aus Edelholz, Beschlägen aus poliertem Messing, feinen Teppichen, gepolsterten, mit Stickereien verzierten Sitzen, genossen die Pullmanwagen als Salon- und Schlafwagen einen Spitzenruf. Damit konkurrierte der Zug mit internationalen Luxuszügen und galt vielerorts als die »deutsche Version des Orient-Express«. In den exklusiv ausgestatteten Speisewagen präsentierten Spitzenköche feinste Speisen. Luxus jeglicher Art wurde in diesen Zügen geboten. Eine für diese Zeit noch übliche 3. Klasse war hier nicht zu finden. Der Rheingold wurde beinahe über Nacht zum Synonym für Luxuszüge in Europa. Das geschah jedoch zu jener Zeit, in der die Eisenbahn noch als das unangefochtene Verkehrsmittel galt. Doch 1939 war die Reise mit einem Zug, der vor allem solvente britische Reisende in die Bahn locken sollte, bereits wieder zu Ende. Kriegsbedingt wurde der Betrieb im August 1939 eingestellt.

Ab 1951 verkehrte der Rheingold wieder. Um Verwechslungen zu vermeiden, erhielt der mit der 1. Klasse ausgestattete Zug die Bezeichnung »Rheingold-Express«, das zweite Zugpaar, das gemischtklassig ausgestattet war, erhielt den Namen »Loreley-Express«. Im Sommer 1955 verloren die Züge jedoch ihren Namensteil »Express«. Ab 1962 wurden die Züge mit neuen Wagen ausgestattet. In den Farben Kobaltblau/Beige präsentierten sich nun auch die neuen elektrischen »Rheingold-Bügelfalten«. Mit dem Intercity-Taktverkehr mit einer 2. Klasse wurden die Züge für viele erschwinglich. Damit rückte das Ende des Rheingold in greifbare Nähe. Ein paar Wagen der ersten Epoche sind aber noch heute auf den Schienen bei Sonderfahrten anzutreffen. Bei den Zügen aus den 1960er-Jahren ist in der Regel der Aussichtswagen mit seinem gläsernen Dach und der »Buckelspeisewagen« mit einer Küche auf zwei Etagen mit von der Partie.

Ein Bild aus frühen Tagen der ersten Epoche: Die 18 545, eine leistungsstarke und schnelle Personenzug-Tenderlokomotive, zieht den Rheingold-Zug. Bilder: Korbinian Fleischer

Der Rheingold mit der Bügelfalten-E 10 1269. Sie stammt aus der Serie E 10 1265 – E 10 1270 in beige-kobaltblauer Farbgebung. Durch eine Verzögerung bei der Auslieferung wurden kurzfristig Kasten-E 10 umlackiert und durch eine Anpassung der Übersetzung auf eine Geschwindigkeit von 160 km/h angehoben. Der Flügelzug F 21/22 erhielt 1958 den Namen »Rheinpfeil«.

Der I K-Zug

Einer der schönsten Züge der Welt

8

Sachsen hat im Eisenbahnwesen eine große Tradition! Zwischen Leipzig und Dresden entstand bereits in den Jahren 1837 bis 1839 die erste deutsche Ferneisenbahn. Sachsens Unternehmen waren im 19. Jahrhundert führend im Lokomotivbau – allen voran die Firma von Richard Hartmann in Chemnitz. Im Nebenbahnbetrieb wurden ab 1880 viele Strecken mit einer Spurweite von 750 Millimetern errichtet und damit das Land erschlossen. Diese Bahnen trugen wesentlich zur wirtschaftlichen Entwicklung Sachsens bei.

Was der »Adler« oder die »Saxonia« für die Eisenbahn in Deutschland war, ist die Loktype I K für die sächsischen Schmalspurbahnen. Mit ihr wurde das Zeitalter der Schmalspurbahnen in Sachsen eröffnet. Leider blieb auch von der I K kein Originalexemplar erhalten. Der kulturelle Wert dieser Maschinen wurde zu jener Zeit noch nicht erkannt. Doch die sächsische I K ist längst eine Legende. Mit dem Jubiläum »125 Jahre Schmalspurbahnen

Für den Tourismus endete die Bedeutung der Schmalspurbahnen in Sachsen mit dem Zweiten Weltkrieg. Doch in den 1950er-Jahren blühte sie wieder auf – mehr, als je zuvor. Bild: Kurt Schulze, Archiv Stefan Schulze

in Sachsen« im Jahr 2006 wurde daher ein furioses Projekt aus der Taufe gehoben: der Neubau der ersten sächsischen Schmalspurlokomotive. Ausschließlich aus Sach- und Geldspenden aus Deutschland sowie dem Ausland, entstand bis 2009 die Lokomotive mit der Ordnungsnummer I K Nr. 54.

Großes Engagement

Das Erfolgsrezept war eine Verzahnung von bürgerschaftlichem Engagement und unternehmerischer Initiative. Über 80 Unternehmen beteiligten sich an der Herstellung der aus mehr als 4.400 Einzelteilen bestehenden Lokomotive. Sie stellten auf eindrucksvolle Art unter Beweis, dass sich historische Technik und moderne Konstruktionsprinzipien gut ergänzen. In dreieinhalb Jahren Bauzeit wurde die I K Nr. 54 fertiggestellt. Seither war die I K Nr. 54 natürlich auf allen Gleisen mit 750 Millimetern Spurweite in Sachsen unterwegs. Tausende von Fahrgästen haben sie seither erlebt, unter anderem auf der Weltmesse der Schienenfahrzeug-Industrie in Berlin oder bei Märklin in Göppingen. Schnell entwickelte sich diese Lokomotive zur besonderen Sympathieträgerin und Botschafterin für die sächsischen Schmalspurbahnen, Touristikunternehmen, Museen und Ver-

Die bis 1989 weitgehend abgebaute Preßnitztalbahn verfügt heute wieder über eine Streckenlänge von 8 Kilometern zwischen Steinbach und Jöhstadt. Diese Aufnahme zeigt einen Ausnahmefall: Die I K Nr. 54, deren Hauptstationierungsort die Museumsbahn ist, fuhr bis zu ihrem Unfall nur in Ausnahmefällen im Winter. Bild: Christian Sacher

eine unter dem Dach der Dampfbahn-Route Sachsen. Ein Nachbau einer Lokomotive besitzt leider nur eine begrenzte Strahlkraft, wenn nicht auch der adäquate, epochal passende Wagenpark vorhanden ist. Für die I K Nr. 54 waren einzelne Wagen aus der Epoche I vorhanden. Natürlich stand die I K als Botschafterin der sächsischen Schmalspurbahnen im Mittelpunkt. Dennoch sollte ein kompletter, stilechter I K-Zug entstehen.

Der Initiative der Sächsisch-Oberlausitzer Eisenbahngesellschaft aus Zittau war es schließlich zu verdanken, dass dieser Zug – wiederum in einer großen Gemeinschaftsleistung – in den Jahren 2015 und 2016 realisiert werden konnte. Die Garnitur des Königlich Sächsischen I K-Zuges besteht aus zweiachsigen Wagen aus dem späten 19. und dem frühen 20. Jahrhundert, der Anfangszeit der Sächsischen Schmalspurbahnen. Seit 2014 wurden Fahrzeugfragmente gesucht und Kooperationspartner kontaktiert, mit denen der Wagenzug aufgebaut werden konnte. Die Restaurationsarbeiten an den vorhandenen Fahrzeugresten, die einem vollständigen Neubau gleichkamen, begannen 2015. Am 5. August 2016 betrat der Königlich Sächsische I K-Zug seinen stählernen Laufsteg und ging im Rahmen der Festveranstaltung »Historik Mobil« auf der Zittauer Schmalspurbahn erstmals auf die Reise. Die I K Nr. 54 und der Königlich Sächsische I K-Zug geben ein authentisches und originalgetreues Gesamtbild ab. Der Zug mit seinen historischen Wagen wurde aus seinen Überresten so wiederhergestellt, wie er einst vor gut 130 Jahren entstanden war. Er ist damit ein Bei-

Die neue Fahrzeugunterstellung in Radebeul Ost unmittelbar nach ihrer Fertigstellung. Am 16. November 2019 befährt die I K Nr. 54 die umfangreich ausgebaute Gleisanlage der Anschlussbahn. Bild: Christian Sacher

spiel der historischen Pflege eines wertvollen Objekts, das als ein landestypisches Kulturerbe gilt. An dieser Gemeinschaftsarbeit mehrerer Fahrzeugeigentümer war auch die Stiftung Sächsische Schmalspurbahnen beteiligt. Sie stellte ihre Wagen für den Zug zur Verfügung und trug zudem jeweils die Kosten für die umfangreichen Aufarbeitungen der Fahrzeuge selbst. Dank zahlreicher Spenden konnte die Stiftung zudem den zweiachsigen Personenwagen 107 K der Gattung 732 beisteuern.

Am frühen Abend des 9. September 2022 geschah jedoch ein schwerer Unfall. Bei einem Sonderzug-Einsatz auf der Döllnitzbahn verunglückte der Königlich Sächsische I K-Zug, als ein landwirtschaftliches Fahrzeug dem Zug die Vorfahrt nahm. Zwei Schwerverletzte, mehr als zehn verletzte Fahrgäste und ein enormer Schaden waren die Folge. Trauer und Entsetzen – würde der I K-Zug jemals wieder fahren? Und erneut macht sich nun das Team des I K-Zuges daran, sich zu engagieren und ihre Kraft in die Wiederaufarbeitung zu stecken, denn die Zielsetzung aller Beteiligten kann nur die vollständige Wiederherstellung und damit die Rückkehr der I K Nr. 54 als auch der Wagen sein. Schließlich ist der I K-Zug doch einer der schönsten Züge der Welt.

Diese Aufnahme entstand nach dem Unfall der I K Nr. 54 und des Königlich Sächsischen I K-Zuges. Der Schaden ist hoch. Die Arbeit der Rettungskräfte hatte zu diesem Zeitpunkt gerade begonnen. Bild: Stiftung Sächsische Schmalspurbahnen

Die Romantische Schiene

Erinnerungen an die »gute alte Zeit«

9

Wer erinnert sich nicht gerne an die »gute alte Zeit«? Doch war sie wirklich so gut, oder wird sie nur glorifiziert? Sie war in jedem Fall ruhiger, langsamer und romantischer. Doch auch hier hätten wir einiges zu meckern gehabt! Der Deutsch-Französische Krieg in den Jahren 1870/71 war ausschlaggebend, dass am 15. April 1876 die Strecke Dombühl–Feuchtwangen eröffnet wurde.

Schließlich erhielt auch Ansbach–Dombühl eine Anbindung und der Bau der elf Kilometer langen Strecke mit den Stationen Vehlberg und Dorfgütingen konnte erfolgen. 1881 wurde die Strecke Dombühl–Nördlingen vervollständigt. Auf sie waren die Menschen angewiesen. Für die dörflichen Regionen sind die im ersten Jahr ihres Bestehens beförderten Mengen beachtlich: rund 330 Tonnen Frachtgut, 427 Stück Vieh und 36.500 Kilogramm Gepäck wurden transportiert. Hinzu kamen etwa 20.000 Fahrgäste. Natürlich waren die gefahrenen Geschwindigkeiten auf der eingleisigen, gewundenen Strecke gering, was sicherlich auch an den zur Verfügung stehenden Lokomotiven und dem Wagenmaterial lag. Ganze zweiunddreißig Minuten dauerte eine Fahrt von Feuchtwangen nach Dombühl. In den Jahren nach dem Zweiten Weltkrieg wurde die Bahn vor allem von Pendlern und Schulkindern genutzt.

Ein endgültiges Aus der Romantik?

Aus einem Nachtzug, der bereits 1881 erstmalig in Richtung München fuhr, sollte ein »Reichsstädtezug« entstehen. Er verband die Strecke Rothenburg ob der Tauber–Dombühl–Feuchtwangen–Dinkelsbühl–Nördlingen–Donauwörth–Augsburg mit München und benötigte etwas über drei Stunden. Doch wie vielerorts verlor auch diese Strecke an Bedeutung – der Verkehr verlagerte sich auf die Straße. 1960 wurde mit ersten Streckenstilllegungen begonnen. Am 1. Juni 1985 fuhr der letzte fahrplanmäßige Personenzug. In den folgenden Jahren belebten jedoch noch einige Museumszüge des Bayerischen Eisenbahnmuseums in Nördlingen die »Romantische Schiene«. Doch auch sie wurden weniger, die Bahntrassen verrotteten und so mancher Bahnhof verfiel. Am 8. April 2013 wurde sogar das Empfangsgebäude des Bahnhofs Dinkelsbühl abgerissen und wich einem der unzähligen Discounter. Immerhin dient ein altes Stationsschild »Dinkelsbühl« als Gedächtnisstütze an dem hier eingerichteten Haltepunkt. Das Ende der Romantik? Eine Reaktivierung der Streckenabschnitte soll die Verbindungen wieder herstellen. Ob sie dann noch einen kleinen Eindruck von Beschaulichkeit und Ruhe widerspiegeln, die früher auf den kleinen Nebenbahnen alltäglich war, sei dahingestellt.

Im Januar 1979 steht 212 072-3 bereit, um in Richtung Nördlingen abzufahren. Auf Gleis 6 wartet Triebwagen 515 021-4, um in Richtung Nördlingen zu folgen. Bild: Christoph Himsel

Die 01 066 mit einem Sonderzug am 18. Dezember 2004 im Bahnhof Dinkelsbühl steht bereit zur Rückfahrt über Nördlingen nach München. Bild: Christoph Himsel

Die Perspektive macht's!

10 Luftaufnahmen von Eisenbahnen

Luftaufnahmen sorgen dank ihrer ungewöhnlichen Perspektive vielerorts für großes Aufsehen. Sie bieten einen einzigartigen Blick auf das, was man aus einer bodennahen Position nicht sehen und als gesamtheitliches Bild schon gar nicht wahrnehmen kann. Dabei sind die Bilder aus der Vogelperspektive nichts Neues. Bereits Mitte des 19. Jahrhunderts entstanden Aufnahmen, die aus Drachen, Luftschiffen oder Ballons gefertigt wurden. Jeder wollte nun die Perspektive von dort oben sehen. Ja, sogar Brieftauben mussten für solche fotografischen Einsätze herhalten.

Vor allem in den beiden Weltkriegen kam diesen Aufnahmen ein besonderer Stellenwert zu. Daran hat sich bis heute nichts geändert. Was die Technik der Aufnahmen angeht, jedoch schon. In unseren Tagen muss niemand mehr ein Flugzeug mit einem Piloten mieten, um Luftaufnahmen anzufertigen. Schon einfachere Drohnen sind dazu in der Lage. Es liegt daher auf der Hand, dass auch die Bahn Drohnen für ihre Zwecke nutzt. Die DB Netz AG und die DB Engineering & Consulting GmbH nutzten die Drohne Aibot X6 V2 für die Planungen eines Streckenausbaus. Bei

Ja, man soll nicht immer im Gestern leben und nach vorne blicken! Aber den einen oder anderen schmerzt dieser Anblick schon. Der Stuttgarter Hauptbahnhof noch vor seiner Zerstörung durch das Bauvorhaben Stuttgart 21. Bild: Korbinian Fleischer

Nicht immer sind ein Flugzeug oder eine Drohne erforderlich. Manchmal tut es auch ein Turm, wie hier der Südturm des Kölner Doms, vorausgesetzt ein solches Bild ist einem die 533 Stufen wert. Bild: Korbinian Fleischer

diesem Beispiel handelt es sich um einen intelligenten Profi-Kopter – Made in Germany – an dessen Entwicklung beide Unternehmen beteiligt waren. Die längst weltweit eingesetzte Drohne bietet für das Vermessungswesen Lösungen, wie etwa eine geografische Datenerfassung, Landvermessungen oder Inspektionsaufgaben im Bereich der Eisenbahnen. Die DB setzte sie beispielsweise für die Planungen des Streckenausbaus ein, der Teil des Verkehrsprojekts »Deutsche Einheit Nr. 8« war. Am Verkehrsknoten Bamberg wurden mit einer solchen Drohne 6.945 Einzelaufnahmen erstellt. Die DB Netz AG als auch die DB Engineering & Consulting GmbH boten ein solches Objekt schließlich dem DB Museum in Nürnberg als Dauerleihgabe an.

Die fliegende Bahn

Schon länger geht die Bahn in die Luft und verwendet für die Prüfung ihrer Gleise auf schadhafte Stellen oder Bäume, die möglicherweise auf die Schienen fallen könnten, Drohnen. Die »fliegenden Spezialeinheiten« werden auch nach Überschwemmungen, Stürmen oder anderen Katastrophen eingesetzt, um schnell genaue Bilder vom Zustand der Gleise zu erhalten. Die Bahn setzt sie sogar gegen Sprayer ein. Von jedem Spezialteam werden jeden Tag bis zu fünf Kilometer Flugstrecke mit einer Drohne überprüft. Überraschend präzise sind die Bilder. Diese Drohnen liefern auch zur Kontrolle bei Bauprojekten der Bahn wichtige Bilder. Aus der Luft lässt sich eben alles genauer erkennen. Für die Überprüfung von Eisenbahnbrücken werden ebenfalls fliegende Helfer verwendet. Dabei werden die Objekte genau abgelichtet und die Bilder anschließend ausgewertet. Auf diese Weise müssen die Strecken nicht mehr gesperrt, keine Gerüste aufgebaut und ganze Einsatzteams vor Ort eingesetzt werden. Es wird Geld gespart, das andernorts besser eingesetzt werden kann. Für den Einsatz von Drohnen ist die Bahn natürlich im Besitz besonderer Genehmigungen.

Attacken auf die Bahn

Ein weiteres, immer häufiger auftretendes Thema sind Sabotageakte gegen die Bahn und ihre Einrichtungen. Hier ist jedoch schon lange nicht mehr von einer Zerstörung von Fahrkartenautomaten oder dem hässlichen Beschmieren von Wartehäuschen die Rede. Hier geht es auch um Menschenleben. Immer wieder legen gezielte Sabotageakte den Bahnverkehr lahm. Dabei ist es nicht besonders schwer, durch Anschläge auf die neuralgischen Punkte die kritische Infrastruktur der Bahn zu treffen und zu schädigen. Ob Unbekannte ein Lichtwellenleiterkabel durchtrennen und so teilweise die Kommunikation des Schienennetzes kappen oder Gegenstände auf die Schienen legen, die Folge ist der Ausfall von Zügen. Schlimmstenfalls kann ein Zug an einer solchen Stelle entgleisen und Menschen könnten verletzt oder gar getötet werden. Daher versuchen die jeweiligen Ermittler unter anderem mit Drohnen herauszufinden, wer die Täter sind. Ob poli-

Der Hauptbahnhof von Berlin. Erst mit der Luftaufnahme zeigt sich die ganze Ausdehnung des Areals. Bild: Deutsche Bahn AG, Oliver Lang

tisch motiviert oder »nur« ein dummer Jungenstreich, die Bahn überwacht ihre Schienen mit Drohnen – und hat Erfolg damit! Viele der Gefahren konnten auf diese Weise rechtzeitig erkannt und behoben werden.

Da Graffiti-Sprayer oder Kabeldiebe zumeist nachts auftreten, ist der Einsatz von Drohnen mit Wärmebildkameras zur Überwachung gerade zu dieser Zeit wichtig. Doch die Luftsicherheitsbehörden erteilten den Drohnen der Bahn ein Nachtflugverbot. Auch wenn die Drohnen ein hervorragendes Einsatzmittel sind, darf die Deutsche Bahn nur tagsüber fliegen. Dabei sollten die Sprüher nachts auf Zug-Abstellgleisen aufgespürt und gefilmt werden. Die Bilder hätte die Bahn als Beweismittel vor Gericht gegen die Sprüher verwenden können. Doch neue, nahezu vollkommen geräuschlose Drohnen sollen nun zumindest über die Abstellplätze der Bahn in geringer Höhe fliegen dürfen. Die Sprayer können mit den gerichtsfest dokumentierten Informationen juristisch belangt werden. Neben all den zweckgebundenen Informationen dienen die Bilder der Drohnen aber auch noch einem anderen Zweck: Sie sind aufregend und interessant – zumindest für echte Eisenbahnliebhaber! So verwundert es nicht, dass viele der ausdrucksstarken Luftaufnahmen regelmäßig angefragt werden.

Eine Modellbahnanlage der Nenngröße Z? Nein, hier ist es eine Luftaufnahme vom Güterbahnhof Chur mit Abstellgleisen der SBB (links) und der RhB (rechts). Bild: Herbert Graf

Einmal Pacific und zurück!

Laufleistung: über 3.722.000 Kilometer

11

Mit einer Länge über Puffer von 23.940 Millimetern, einem Gewicht von 169 Tonnen und einer gewaltigen Leistung von 1.654 W erreicht die 01 202 eine Höchstgeschwindigkeit von 130 km/h. Die Schnellzugdampflokomotive von Henschel & Sohn in Kassel wurde 1937 von der Deutschen Reichsbahn-Gesellschaft in Betrieb genommen. Der Achsanordnung 2'C1' zufolge erhielt sie die Bezeichnung »Pacific«.

Gebaut wurde die Lokomotive 01 202 im Jahr 1936. Sie war damit Teil der fünften und auch letzten Lieferserie aus der Nummernreihe 191 bis 232. Die Lokomotiven dieser Serie wurden von Krupp, als auch von Henschel & Sohn in Kassel gefertigt. Gewaltig sind ihre Triebräder mit einem Durchmesser von 2.000 Millimetern. Die Pacific 01 202 erreichte seit ihrer Inbetriebnahme im März 1937 bis heute die enorme Laufleistung von über 3.722.000 Kilometern! Um die Belange im Zusammenhang mit der Lokomotive kümmert sich der im Jahr 1989 gegründete Verein Pacific 01 202. Von den Mitgliedern werden jährlich weit über 2.000 Arbeitsstunden unentgeltlich geleistet.

Nachdem die 01 202 ihre Trieb- und Kuppelstangen nach der Aufarbeitung zurückerhielt, fand am 22. April 2021 eine Probefahrt rund um den Bielersee statt. Der Testzug bestand zusätzlich aus der Re 4/4 I 10009, ehemals SBB, und einem BD, ehemals BLS. Bild: Walter Ruetsch

Historische Fahrten …

12

… dank zweier Museumsbetriebe

Die Geburtsstunde der einstigen Emmenthalbahn-Gesellschaft reicht genau genommen bis in die frühen 1840er-Jahre zurück. Ihre Konzession wurde aber im Jahr 1872 für 99 Jahre erteilt. Die normalspurige Strecke der EB führt über Burgdorf von Solothurn nach Langnau im Emmental.

Bereits am 26. Mai 1875 konnte der erste Abschnitt zwischen Burgdorf und Derendingen eröffnet werden. Zahlreiche Erweiterungen sollten folgen. Heute verdanken die historischen Fahrzeuge mit passendem Wagenmaterial, deren Betrieb, aber auch das Fortbestehen der Strecke selbst, der Vereinigung von zwei eigenständigen Vereinen. Die Dampfbahn Bern (DBB) und der Verein Historische Eisenbahn Emmental (VHE) haben es sich als Ziel gesetzt, den Betrieb der Museumsbahn zwischen Sumiswald-Grünen–Huttwil und Sumiswald-Grünen–Wasen sicherzustellen. Die historischen Fahrzeuge und das Wagenmaterial werden durch die aktiven Mitglieder im ehemaligen Depot der Vereinigten Huttwil-Bahnen (VHB) in Huttwil unterhalten. Regelmäßige Fahrten mit einer nostalgischen Elektrolok und natürlich Dampflokomotiven von April bis Oktober sowie einer Dampffahrt im Winter wurden dank ihres Engagements möglich.

Eine Fahrt unter Dampf von Huttwil nach Balsthal, organisiert vom Verein Historische Eisenbahn Emmental (VHE). Vorspann: Dampflok Ed 3/4 2 und BDe 2/4 240 am Ende. Foto: Walter Ruetsch

Loklegenden der Schweiz

13

Die Krokodile der RhB und der SBB

Wenn Eisenbahnliebhaber an das schienengebundene Material der Schweiz denken, fallen ihnen gewiss viele Fahrzeuge ein. Eines wird jedoch immer im Mittelpunkt stehen: das Krokodil. Hier müssen jedoch zwei unterschiedliche Fahrzeuge berücksichtigt werden! Im Jahr 1921 beschaffte die RhB sechs Lokomotiven mit der Bezeichnung Ge 6/6 401 bis 406. Die Elektrifizierung zahlreicher Strecken in der Schweiz, darunter auch die Albulabahn, machten diese Anschaffung erforderlich.

Die C'-C'-Lokomotiven, deren interne Bezeichnung C-C lautet, die vielerorts jedoch auf den Namen Rhätisches Krokodil hören, sind den Krokodilen der SBB nicht unähnlich. Diese Ähnlichkeit der Elektrolokomotivbaureihe ist vor allem auf die Vorbauten, in denen sich die Fahrmotoren

100 Jahre RhB-Krokodil sind wahrhaft Anlass für Extrafahrten. Am 12. September 2021 zeigte sich das betriebsfähige Museumsfahrzeug RhB-Krokodil Ge 6/6 414, das am 25. Juni 1929 in Betrieb genommen wurde, von seiner besten Seite. Bilder: Walter Ruetsch

befinden, zurückzuführen. Sie zeichneten sich durch eine stärkere Leistung als ihre Vorgänger aus. Bis in das Jahr 1929 lieferten die Firmen BBC, MFO und die SLM 15 Maschinen aus. Mit der Aufnahme ihres Betriebes wurde jedoch auch das Ende der Dampflokomotiven auf den bedeutenden Strecken der Gesellschaft erreicht. Fortan wurden die schweren, aber auch hochwertigen Züge, darunter auch der Glacier-Express, von den Lokomotiven der Baureihe Ge 6/6 401 bis 415 gezogen. Schon gegen Ende der 1950er-Jahre wurden ihnen weniger anspruchsvolle Aufgaben übertragen. Vor allem die Baureihe Ge 6/6 II, die ab 1973 ausgeliefert wurde, trug zu einem Ende der Dienstzeit des Rhätischen Krokodils bei. Im Jahr 1974 wurde die erste ausrangiert. Aber bereits Mitte der 1980er-Jahre folgten weitere. Heute sind von den einst 15 Lokomotiven nur noch sechs erhalten, alle anderen wurden verschrottet. Im fahrfähigen Zustand befinden sich nur noch die Lokomotiven 414 und 415. Die Baureihe Ge 6/6 I wiegt 66 Tonnen, weist eine Länge über Puffer von 13.300 Millimetern auf und erreicht bei einer Leistung von 794 kW eine maximale Geschwindigkeit von 55 km/h.

Güter-Krokodil

Ein weiteres, sicher noch bekannteres Krokodil ist die Güterzug-Lokomotive der SBB mit ihrer Achsformel (1'C)(C1'). In den Jahren 1926 bis 1927 wurden 18 Maschinen der Baureihe Ce 6/8 III produziert.

100 Jahre RhB-Krokodil: Aufstellung zum Gruppenfoto! Das SBB-Historic-Krokodil Ce 6/8 III 14305 gratuliert dem RhB-Krokodil Ge 6/6 414 zum Geburtstag.

Den mechanischen Teil trug die Schweizerische Lokomotiv- und Maschinenfabrik (SLM), den elektrischen Teil die Maschinenfabrik Oerlikon (MFO) bei. Das Ergebnis war gewaltig: Bei einer Dienstmasse von 131 Tonnen, einer Dauerleistung von 1.190 kW und einer Länge von 20.060 Millimetern erreichte sie eine Geschwindigkeit von 65, später 75 Kilometer in der Stunde. Vor allem für den schweren Verkehr auf Gebirgsstrecken, wie etwa der Gotthardbahn, wurde sie eingesetzt, um für einen verdienten Mannschaftskameraden in die Bresche zu springen.

Die in den 1920er-Jahren benötigten leistungsfähigen Güterzuglokomotiven der Baureihe Ce 6/8 III, deren Bezeichnung später Be 6/8 III lauten sollte, bewährten sich im täglichen Betrieb. Sie erhielten die Baureihenbezeichnung Ce 6/8 III infolge der bereits 33 eingesetzten Lokomotiven der Baureihe Ce 6/8 II. Die Maschinen der Nummernzuteilung Ce 6/8 14301 bis Ce 6/8 14318 waren jedoch leistungsfähiger als ihre Vorgänger. Bis 1977 kam dann ihre Ausmusterung. Heute sind nur noch zwei Exemplare in einem sehr guten und glücklicherweise auch betriebsfähigen Zustand erhalten. 13302 steht bei der Betriebsgruppe 13302, einer Sektion des Modelleisenbahnclubs des Bezirks Horgen (MECH), sogar unter eidgenössischem Denkmalschutz. Die Nummer 13305 befindet bei der SBB Historic. Sie wurde in 14305 umbezeichnet und trägt wieder die originale Farbgebung der 1950er-Jahre.

Dort, wo sie auftaucht, zieht sie die Blicke der Begeisterten magisch an. Das SBB-Historic-Krokodil Ce 6/8 III 14305 ist immer wieder auf Extrafahrten zu sehen.

Der Rote Pfeil

14

Vielversprechender Start, später Erfolg

Die Geschichte des »Roten Pfeils« beginnt Mitte der 1930er-Jahre. Als Leichttriebwagen konzipiert, war er für den Verkehr auf Linien mit niedrigem Verkehrsaufkommen vorgesehen. Er stand vor allem für etwas Formschönes, Neues und Leichtes.

Sieben Fahrzeuge unterschiedlicher Hersteller wurden ab 1935 ausgeliefert. Ihre Bezeichnung lautete SBB CLe 2/4, ihre Nummerierung zunächst 201 bis 207. Doch nur kurze Zeit darauf erhielten sie die Bezeichnung Re 2/4 mit den Nummern 601 bis 607. Gegen Ende der 1940er-Jahre wurde zweien die Bezeichnung RCe mit den Nummern 601 bis 602 zuteil und alle Fahrzeuge ab 1956 in RBe 2/4 umbezeichnet. Das Nummernband wurde nunmehr von 601 bis 607 in 1001 bis 1007 geändert. Einen weiteren Bezeichnungs-Sprung erfuhren zwei in diesen Jahren verlängerte Fahrzeuge. Sie wurden von RBe 2/4 in RAe 2/4 umbenannt. Die Komplexität

Der Rote Pfeil der Oensingen-Balsthal-Bahn (OeBB). Nach der kompletten Überholung aufgrund verschiedener Schäden präsentiert sich das Fahrzeug wieder auf der Schiene. Seine Inbetriebnahme erfolgte im Jahr 1938 bei den SBB. 1974 wurde er von der OeBB übernommen und seither für touristische Zwecke eingesetzt. Hier steht der RBe 2/4 202 bei einem Zwischenhalt auf der Station Klus bei Balsthal. Bild: Walter Ruetsch

der Bezeichnungen und Nummern erhöht sich nochmals, da die beiden Triebwagen 1002 sowie 2006 einen Nummerntausch vornahmen und aus dem RCe 2/4 606 der RAe 2/4 1002 wurde. Die Leichttriebwagen besaßen eine Dienstmasse von 32,6 Tonnen und eine Länge über Puffer von 21.500 Millimetern. Mit einer Leistung von 315 kW erreichten die mit zwei elektrischen Fahrmotoren ausgestatteten Fahrzeuge eine Höchstgeschwindigkeit von 125 Kilometern in der Stunde.

Zuerst Strom, dann Diesel

Neben den elektrischen Triebwagen wurden auch zwei dieselbetriebene Fahrzeuge ausgeliefert und 1936 abgenommen. Sie sollten den Dienst für die nicht elektrifizierten Strecken übernehmen, erwiesen sich aber als störanfällig und waren mit einer Leistung von 214 kW zu schwach auf der Brust. Doch auch die CLm 2/4 mit der Nummerierung 201 bis 202 wurden mehrmals umbenannt. Anfang der 1950er-Jahre wurden sie ebenfalls mit einem Elektroantrieb ausgestattet. Ihre letzte Bezeichnung lautete schließlich RBe 2/4 1008 und 1009. Sie unterscheiden sich jedoch optisch von den anderen Roten Pfeilen durch beispielsweise zwei unterschiedlich lange Vorbauten oder ein fehlendes doppeltes Dach. Für die Strecken mit ihren Steigungen waren die Leichttriebwagen der Schweizerischen Bundesbahnen (SBB) zu schwach und die Anzahl der zur Verfügung stehenden Plätze zu gering. Zudem konnten sie nicht mit weiteren Wagen gekuppelt

werden, da sie als Einzelfahrzeug ohne normale Zug- und Stoßvorrichtung konzipiert waren. Doch sie wurden als schön und elegant empfunden. So kamen die Leichttriebwagen neben ihrer typischen roten Farbgebung auch wegen ihres schnittigen Aussehens zu ihrem Namen »Roter Pfeil«. Einer unter ihnen macht aufgrund seines Namens zusätzlich auf sich aufmerksam: der SBB RAe 4/8 aus dem Jahr 1939 als sogenannter Churchill-Pfeil. Er erhielt seinen Namen im Jahr 1946, als Winston Churchill als Staatsgast mit ihm durch die Schweiz gefahren wurde. 1953 kamen noch zwei weitere Fahrzeuge als Doppelpfeil mit der Bezeichnung SBB RAe 4/8 hinzu. Sie ähnelten dem Churchill-Pfeil, besaßen allerdings keine Vorbauten. Insgesamt sind nur vier Fahrzeuge erhalten geblieben. Alle weiteren wurden nach Beschädigungen durch Unfälle oder einem Brand außer Dienst gestellt und letztendlich verschrottet. Ein »überlebender« Roter Pfeil, der RCe 2/4 203 mit der Wagennummer 203 603 1003, befindet sich in einem optisch hervorragend aufgearbeiteten Zustand im Verkehrshaus Luzern. Er ist jedoch nicht mehr fahrfähig. Erfreulicherweise ist der legendäre Churchill-Pfeil mit der Betriebsnummer 301 651 1021 noch fahrfähig geblieben. Er ist im Besitz der SBB und wird regelmäßig als Charterfahrzeug vermietet und eingesetzt. Ebenfalls fahrfähig erhalten ist das Fahrzeug 207 607 1007. 1974 außer Dienst gestellt, ging es in den Besitz der Oensingen-Balsthal-Bahn (OeBB) über. Nach einigen Schäden konnte das Fahrzeug aber wieder instandgesetzt werden und steht heute für Sonderfahrten in der Schweiz im Dienst. Ebenfalls erhalten ist das Fahrzeug RAe 2/4 1001. Es steht bei der SBB Historic als historisches Fahrzeug im fahrfähigen Zustand im Dienst. Die beliebten Triebwagen fanden sich damit in ihrem neuen Aufgabengebiet im Ausflugsverkehr bestens ein und sind ein Augenschmaus – wenn man sie denn mal zu sehen bekommt. Der letzte fahrplanmäßige Einsatz der Roten Pfeile erfolgte im Jahr 1968.

Der Churchill-Pfeil RAe 4/8 1021 aus dem Jahr 1939 befindet sich auf einer Sonderfahrt und steht hier in Rapperswil. Betrieben wird er von der SBB Historic, der privatrechtlichen Stiftung Historisches Erbe der SBB, und kann zu verschiedenen Anlässen gemietet werden. Bild: David Gubler

Vierstromtriebzüge

15

Elegant und exklusiv: der TEE der Schweiz

Die Schweizerischen Bundesbahnen (SBB) schufen mit ihrem Trans Europ Express (TEE) eine neue Ära im internationalen Bahnverkehr. Der Luxuszug bot ein modernes Design und höchsten Reisekomfort, stellte aber auch eine bahntechnische Evolution dar. Im Jahr 1961 wurden vier dieser TEE-Züge mit der Bezeichnung RAe TEE II ausgeliefert. Im Jahr 1967 kam noch ein weiterer hinzu.

Für die internationalen Verbindungen in Europa mussten sie in der Lage sein, die verschiedenen Stromsysteme verarbeiten zu können. Sie wurden daher für vier Stromsysteme ausgelegt, was ihnen neben der Schweiz Fahrten nach Belgien, Deutschland, Frankreich, Italien, Luxemburg und den Niederlanden erlaubte. Ausgestattet mit vier Fahrmotoren und einer Stundenleistung von 2.310 kW, erreichten die TEE-Züge eine Geschwindigkeit von 160 Kilometern in der Stunde. Als fünfteilige Garnitur erzielten sie eine Länge über Puffer von 125.334 Millimetern. Ab 1966 kam noch ein

Die Zubringerfahrt ans Dampfbahn-Fest in Gletsch zu den Jubiläen der Dampfbahn Furka Bergstrecke im Jahr 2020. Der legendäre Trans Europ Express RAe TEE II 1053 brachte Festbesucher über die Lötschberg-Bergstrecke nach Brig. Bilder: Walter Ruetsch

Bis zu ihrem endgültigen Aus standen noch einige RAe TEE II als TGV-Zubringer auf der Strecke Bern–Frasne im Einsatz. Diese Aufnahme entstand im Winter 1999.

zusätzlicher Zwischenwagen zum Einsatz. Ihre Dienstmasse betrug 296 Tonnen. In der fünfteiligen Garnitur standen 126 Sitzplätze, in der sechsteiligen 168 Plätze zur Verfügung. Der exklusive Speisewagen bot weitere 54 Plätze. Sie verkörperten Luxus, waren somit begehrt, wie kaum ein anderes Reisemittel. Alle Sitzplätze gehörten zur ersten Klasse. Unter den Namensgebungen »Cisalpin«, »Gottardo«, »Ticino« oder später unter »Edelweiss« und »Iris« verbanden sie die Städte Zürich–Mailand, Mailand–Paris, Mailand–Zürich, aber auch Basel und Genua. Mit den Neubenennungen kamen noch die Metropolen Amsterdam und Brüssel hinzu. Unter der Bezeichnung Gottardo fuhr der internationale TEE das letzte Mal am 24. September 1988.

In den Jahren 1988 und 1989 wurden die Züge umgebaut, erhielten nunmehr auch Plätze der zweiten Klasse und wurden in Hell- und Dunkelgrau umlackiert. Als »Graue Maus« ging auch ihr Glanz verloren. Ende 1999, Anfang 2000 wurden sie aus dem Dienst genommen und schließlich abgestellt.

Wussten Sie schon?

Ein Triebzug konnte vor dem Schneidbrenner gerettet werden. Die SBB Historic hat für die Überholung des Elektrotriebzugs 1,5 Millionen Franken ausgegeben. Zur Kapitalbeschaffung wurde der Gönnerclub »RAe TEE II 1053«, eine informelle Interessengemeinschaft, gegründet. Heute steht die Ikone für Charter- und Erlebnisfahrten – ausschließlich in der ersten Klasse und in der originalen TEE-Farbgebung – zur Verfügung.

Mythos Gotthard

16 Die sagenumwobene Schöllenenschlucht

Am Eingang des Urserntals befindet sich mit der Schöllenenschlucht und der Teufelsbrücke ein historisches Wahrzeichen der Gotthardregion.

Lange Zeit war das Urserntal Ausgangspunkt für die Alpenüberquerung. Da der Gotthard den einzigen Alpenübergang darstellt, bei dem ein einziger Pass überquert werden muss, wurde ihm bereits früh eine hohe Bedeutung zuteil. Er verband Nord- mit Südeuropa. Um 1200 wurde die Schöllenenschlucht mit einer Holzbrücke erschlossen. Erste Steinbrücken entstanden Ende des 16. Jahrhunderts. Doch hier ist die Natur besonders gnadenlos. Unwetter mit ihren Sturzfluten rissen die Bauwerke einfach mit sich.

Schroff und steil zeigen sich die Felsen in der Schöllenenschlucht. Der Zug verschwindet im Tunnel auf der Fahrt nach Göschenen. Erst kurz davor kommt der Zug wieder ins Freie. Zum Schutz vor Lawinen wurde ein 1.110 Meter langer Streckenabschnitt mit einer Galerie gesichert. Bilder: Stefan Wohlfahrt

1890 wurde eine schmalspurige Zahnradbahn durch die Schöllenenschlucht vorgeschlagen. Aus Kostengründen erfolgte die Genehmigung der Gesuche jedoch erst 1904. Mit der Gründung der Schöllenenbahn AG (SchB) konnte schließlich von 1913 bis 1917 die Strecke, deren maximale Steigung 179 Promille beträgt, errichtet werden. Von der 3.770 Meter langen Strecke sind 2.509 Meter mit einer Zahnstange, System Abt, ausgerüstet. Das brachte den Vorteil mit sich,

Während sich der Zug der MGB auf seinen Weg ins Tal aufmacht, rauscht das Wasser der Reuss den Abhang hinunter. Die Teufelsbrücke ist am rechten Bildrand noch als Schatten zu erahnen.

dass damit auch eine Kompatibilität mit der Furka-Bahn in Andermatt ermöglicht wurde. Das galt für die Elektrifizierung der Strecke. Zunächst mit 1.200 Volt Gleichstrom ausgestattet, wurde am 17. Oktober 1941 der Betrieb auf Wechselstrom umgestellt. Dazu mussten jedoch die Antriebe der Lokomotiven ausgetauscht werden. Die erste Probefahrt auf der Eisenbahnlinie, die Göschenen mit Andermatt verbindet und dabei die Schöllenenschlucht der Reuss durchquert, fand am 4. September 1916 statt. Eingeweiht wurde sie am 11. Juli 1917. Der erste fahrplanmäßige Zug, mit dem die Zentralschweiz nun endlich bequem von Touristen erreicht werden konnte, fuhr tags darauf. Heute werden mit der Schöllenenbahn jedes Jahr etwa 400.000 Reisende befördert.

Die Steilste der Welt

Hoch hinauf auf den Pilatus

17

Die Pilatusbahn beschreibt die Extreme ihrer Bahn kurz und knapp: »1889 in Betrieb genommen, bis zu 48 Prozent Steigung, rund 30 Minuten Fahrzeit«. Doch um eine Bahn auf den Pilatus zu bauen, bedarf es zahlreicher Ideen, aus denen geniale Systeme entstehen, eines entsprechenden Kapitals und des Wagemuts der Erbauer.

Aufgrund des Erfolges anderer Zahnradbahnen, vor allem der Vitznau-Rigi-Bahn, entstand das Bedürfnis zum Bau einer Bahn auf den Pilatus. Die natürliche Gegebenheit aber stellte die Ingenieure vor ein großes Problem. Mit den bisher bekannten Zahnstangensystemen konnte nur eine maximale Steigung von 25 Prozent erreicht werden. Für einen Aufstieg von Alpnachstad musste jedoch eine deutlich höhere Steigung überwunden werden. Bei einem solch außergewöhnlichen Anstieg wäre allerdings das Risiko des Aufsteigens der Triebzähne zu groß gewesen. Doch der Ingenieur Eduard Locher, von dem die Idee, den Pilatus mit einer Bahn zu befahren,

Sie ist weltweit die steilste Zahnradbahn ihrer Art. Auf der 800 Millimeter Schmalspur überwindet die Bahn eine Höhendifferenz von 1.635 Metern. Dank der ausgeklügelten Technik mit zwei horizontal drehenden Zahnrädern wurde das überhaupt erst möglich. Foto: Walter Ruetsch

Am 14. November 2021 wurde die letzte Saison mit den zehn aus der Elektrifizierung stammenden Bhe 1/2 beendet. Auf der Strecke der steilsten Zahnradbahn der Welt werden nunmehr Bhe 2/2 (2021) und Bhe 1/2 (1937) zum Einsatz kommen.
Bild: Walter Ruetsch

stammte, machte im Jahr 1885 einen Vorschlag. Er war sich sicher, dass eine Bahn auf den Pilatus mit einer schmaleren Gleisanlage und mit tief im Boden befestigten Stahlankern zur Fixierung der Gleise möglich sei. Um das Aufsteigen der Triebzähne zu verhindern, erfand er ein spezielles Zahnradsystem mit einer besonderen Zahnstange. Das Zahnradsystem Locher sieht eine querliegende Zahnstange vor, die auf beiden Seiten gezahnt ist. Doch damit nicht genug. Um wirklich ganz sicher zu gehen, verhindern die Sicherungsscheiben der Zahnräder ein seitliches Aufklettern.

Dank dieser Technik ist das Befahren von durchschnittlich 38 Prozent und maximal 48 Prozent auf einem gemauerten Untergrund möglich geworden. Zunächst für verrückt erklärt, konnte der Vorschlag Lochers umgesetzt und die Pilatusbahn im Jahr 1889 von Alpnachstad nach Pilatus Kulm eröffnet werden. Auf der 4.618 Meter langen Strecke mit 48 Prozent Steigung werden sieben Tunnel durchfahren. 1937 wurde der elektrische Bahnbetrieb eröffnet und der Dampfbetrieb eingestellt.

Wussten Sie schon?

Die Pilatusbahn wird im Schweizerischen Inventar der Kulturgüter von nationaler und regionaler Bedeutung als Kulturgut von nationaler Bedeutung geführt. Die American Society of Mechanical Engineers stufte die Pilatusbahn im Jahr 2001 als Historic Mechanical Engineering Landmark ein.

Die Königin der Berge

18 Zahnrad-Triebwagen der Rigi-Bahnen

Die Rigi ist ein Bergmassiv inmitten der Schweiz. Umgeben vom Zugersee, dem Vierwaldstättersee sowie dem Lauerzersee ist das Massiv mit 1.797,5 Metern am höchsten Punkt, der Rigi Kulm, angegeben. Dass ein solches Massiv Ausflügler anzieht, versteht sich von selbst. Seinen Namen soll der Berg aus dem Lateinischen erhalten haben. Hier wird er als Regina montium beschrieben, die Königin der Berge. Der Name hat sich sprachgeschichtlich regional in seiner weiblichen Form erhalten.

Ein solcher Berg kann und will natürlich nicht von jedem zu Fuß erzwungen werden. Die Rigi wurde daher mit Luftseilbahnen und zwei Zahnradbahnen erschlossen. Die Luftseilbahnen fußen in Brunnen, Gersau-Obergschwend, Goldau, Küsnacht am Rigi, Weggis sowie in Vitznau. Ebenfalls von Vitznau fährt die Vitznau-Rigi-Bahn (VRB) auf den Berg hinauf. Bereits 1871 wurde die Bahn in Betrieb genommen. Sie war damit die erste Bergbahn in Europa. Gut zwei Jahre später erreichte sie auf einer Streckenlänge von 6,975 Kilometern und einer maximalen Neigung von 250 Promille den Gipfel. Die Umstellung vom Dampfbetrieb auf den elek-

Der Triebwagen Bdhe 2/4 Nr. 13 in Kräbel. Er wurde im Jahr 1954 in Betrieb genommen und steht noch heute tapfer im Dienst. Bilder: Herbert Graf

Bhe 2/4 13 und Bt 23 haben soeben Rigi-Kulm in Richtung Arth-Goldau verlassen.

trischen Betrieb erfolgte im Jahr 1937. Anders bei der Arth-Rigi-Bahn. Die am 4. Juni 1875 in den Dienst der Öffentlichkeit gestellte Bahn, deren Talfahrt einst in Arth am See begann, wurde bereits im Jahr 1907 auf einen elektrischen Betrieb umgerüstet. Sie trägt damit den Titel der ersten normalspurigen Zahnradbahn der Welt, die auf einen elektrischen Antrieb umgerüstet wurde. Später trat sie ihre Fahrt am Bahnhof Arth-Goldau an. Die Streckenlänge beträgt 8,55 Kilometer. Ihre maximale Neigung von 201 Promille wird anhand des Zahnstangensystems nach Riggenbach überwunden.

Vergessene Schmalspur

Dass es einst auch noch eine schmalspurige Bahn auf die Rigi gab, ist heute vielerorts schon fast in Vergessenheit geraten. Sie war von 1875 bis 1931 in Betrieb. Da sie über eine längere Zeit in roten Zahlen steckte, musste ihr Betrieb eingestellt werden. 1942 wurde die Strecke abgebrochen und später zu einem Wanderweg umfunktioniert. Von den heute existierenden Bahnen wurde im Jahr 1905 das erste fahrbare Material ausrangiert. Noch immer befinden sich aber in deren Fuhrpark Fahrzeuge, welche die Rigi über lange Dienstjahre erklettert haben. Der Triebwagen Nr. 5 der Vitznau-Rigi-Bahn ist ein Beispiel, er hat seit 1965 über 300.000 Kilometer zurückgelegt. Mit einem wachsenden Bahntourismus musste die VRB einst sogar ihre eingemotteten Dampflokomotiven reaktivieren. Auch wenn deren Wirtschaftlichkeit nicht mehr zeitgemäß war, bis zur Anschaffung weiterer Fahrzeuge taten sie treu ihren Dienst.

Wer hat's erfunden?

19 Der längste Reisezug der Welt

Glücklicherweise ist die Strecke von Preda bis Alvaneu länger als der Zug! 24.930 Meter ist die Weltrekordstrecke lang, auf der die Rhätische Bahn (RhB) den längsten Reisezug der Welt mit unglaublichen 1.906 Metern aus 100 Wagen zusammengestellt – und auch erfolgreich betrieben – hat.

Der Rekord-Zug setzte sich aus 25 Capricorn-Flügeltriebzügen zusammen. Im Rahmen einer intensiven Vorbereitung wurden die vierteiligen Triebzüge des Schweizer Herstellers Stadler aneinandergereiht. Bei einem so langen Zug ergeben sich allerlei Probleme. Da die aneinander gekoppelten Züge von sieben Lokführern gesteuert wurden, musste zwischen ihnen eine einwandfreie Kommunikation sichergestellt werden. Erst anhand eines vom Schweizer Militär zur Verfügung gestellten, mit einem Kabel verbundenen Feldtelefons konnten mögliche Funklöcher in der Bergwelt ausgeschlossen werden. Um den beinahe 3.000 Tonnen schweren Zug ohne Beschädigungen bewegen zu können, mussten alle Lokführer gleichzeitig anfahren oder bremsen. Aber die Schweizer sind für ihre Präzision bekannt und fuhren am 29. Oktober 2022 auf der UNESCO-Welterbestrecke direkt in das Book of Guinness World Records™.

Er scheint kein Ende zu nehmen! Im Rahmen der 175-Jahr-Feierlichkeiten der Schweizer Bahnen wurde von der Rhätischen Bahn (RhB) ein Weltrekord aufgestellt.
Bild: © swiss-image.ch/Philipp Schmidli

Schweizer Präzision

20

Die BB Ge 2/2 der Berninabahn

Die beiden kleinen elektrisch betriebenen Lokomotiven mit der Nummer 61 und 62 der ehemaligen Berninabahn wurden 1911 produziert. Sie sind noch heute funktionsfähig. Die Bahn ist längst zur Rhätischen Bahn (RhB) geworden und die beiden Lokomotiven wurden 1961 in 161 und 162 umbenannt. Mit nur 7.740 Millimeter über Puffer und einer Dienstmasse von 18 Tonnen erreichen die Lokomotiven eine Höchstgeschwindigkeit von 45 Kilometer in der Stunde

Die Gleichstromlokomotiven wurden mit brauner Lackierung ausgeliefert. Auf ihrem Dach befanden sich Bügelstromabnehmer, die aufgrund ihrer Form bis zum heutigen Tag die Bezeichnung Lyrabügel tragen. Im Rahmen einiger Modernisierungen bekamen sie neuzeitlichere Stromabnehmer und eine orange Lackierung. Schließlich besann man sich aber der ursprünglichen Gestaltung, versah sie mit einem Scherenstromabnehmer und lackierte sie wieder braun. Auf die Übergangsbleche, anhand derer dem Personal ein Übergang vom Zug zur Lok ermöglicht wurde, wurde dauerhaft verzichtet. Zu groß war die Gefahr des ungeschützten Übergangs. Der Gang zwischen den Vorbauten ist jedoch bis heute erhalten geblieben.

Das 50-jährige Bestehen der Blonay-Chamby-Bahn im Jahr 2018 wurde entsprechend gefeiert! Die gesamte Saison über wurde ein abwechslungsreiches Programm geboten. Bild: Walter Ruetsch

In grüner Robe

Die größte Bestellung der SBB

21

Nach den Vorserienlokomotiven wurden bis 1985 273 Exemplare des Typs Re 4/4 II an die SBB ausgeliefert. Damit gehört diese Baureihe bis heute zur größten Schweizer Lokomotivserie. Diese elektrische Universallokomotive wurde auf dem gesamten normalspurigen Schweizer Netz eingesetzt. Dank ihrer Vielfachsteuerung ist sie für eine Wendezugsteuerung und für schwere Züge als Doppeltraktion geeignet. Sie war daher oftmals mit der Baureihe Re 6/6 im Einsatz.

Re 4/4 II 11173 wurde am 25. September 1970 von den SBB übernommen. Sie entstand in der zweiten Serie der Re 4/4 II durch die Firmen BBC, SAAS und SLM. An die SBB Cargo wurde sie aufgrund ihres Erhaltungszustandes im Jahr 2000 zugeteilt, sie war zeitweise abgestellt und wurde als strategische Reserve vorgehalten. Vor allem Maschinen ohne Klimaanlage wurden zu dieser Zeit bereits außer Dienst gestellt. Da an ihr keine Modernisierungen oder Umbauten vorgenommen wurden, übernahm sie der Verein Depot und Schienenfahrzeuge Koblenz (DSF) in seine Sammlung.

Die Re 4/4 II 11173 dokumentiert ein Kapitel in der Schweizer Industriegeschichte. Nach ihrer Überarbeitung im Jahr 2022 befindet sich die erste historische Lok mit ihren runden Lampen annähernd im Auslieferungszustand aus dem Jahr 1969. Foto: Walter Ruetsch

Eine Lok-Geschichte

22

Gezählte Tage einer Baureihe?

Die Geschichte der Baureihe E 42 begann im Jahr 1963. Hier wurden die beiden Lokomotiven der Vorserie ausgeliefert. Noch in diesem Jahr wurde mit der Serienfertigung begonnen, aus der bis 1976 insgesamt 292 Exemplare hervorgingen. Die Baureihe wurde im Wesentlichen im Güter- und dem langsamen Personenverkehr, aber auch als S-Bahn-Lokomotive in der ehemaligen DDR, eingesetzt. Dank einiger Anpassungen zeigten die Elektrolokomotiven der Deutschen Reichsbahn gute Leistungen und Laufeigenschaften. Nach dem Fall der Mauer kamen die Lokomotiven noch eine kurze Zeit als Baureihe 142 bei der DB zum Einsatz.

Achtzehn der 16.260 Millimeter langen, 82,5 Tonnen schweren Lokomotiven wurden in die Schweiz verkauft. Die letzte der Baureihe 142 wurde bei der DB AG im Jahr 1999 abgestellt. Heute sind noch ein paar wenige dieser Baureihe bei Eisenbahnverkehrsunternehmen im Einsatz. Weitere lassen sich bei Eisenbahnvereinen oder im DB Museum in Nürnberg finden. Auch für die Eisenbahndienstleister GmbH, einen Dienstleister in der Bahnbranche, »arbeitet« eine solche Lokomotive. Sie wird im Güterverkehr eingesetzt. Das Unternehmen transportiert jährlich rund 200.000 Tonnen Güter wie Heizöl, Getreide und Baumaterial.

Die EDG 412 002-8 mit einer Sonderleistung bei Deitingen ist sicher ein seltener Fotofang. Foto: Walter Ruetsch

Fremdeinsatz

23 – mit Sinn und Geschmack

Schon seit jeher wurden ausgediente Eisenbahnwagen oder Lokomotiven für Dinge verwendet, die mit dem eigentlichen Sinn der Eisenbahn nichts zu tun haben. Ob als Filmkulisse, als Gartenlaube auf dem heimischen Grundstück oder für spezielle Festivitäten als Klublokal. An eine Fahrt mit dem rollenden Material dachte hier aber niemand. Zweckentfremdung? In gewisser Weise schon, doch wurde den jeweiligen Fahrzeugen zumindest nochmals die Ehre zuteil, eine sinnvolle Aufgabe wahrzunehmen.

Gut ist jedenfalls, dass sie nicht auf dem Schrottplatz endeten. Zudem werden die Besucher auf diese Weise wieder auf die von den historischen Eisenbahnfahrzeugen ausgehende Romantik aufmerksam. So in dem Fall des zweiachsigen Personenwagens C 114. Im Jahr 1910 in Betrieb genommen, gehörte er einst zur »Grundausstattung« der Berninabahn. 1969 wurde er ausrangiert und zum Dienstwagen umgebaut. Als historisches Fahrzeug mit seiner originalen gelben BB-Lackierung und Beschriftung der RhB konnte er 2001 wieder in Betrieb gestellt werden. Seit 2008 ist er zu Gast im Verkehrshaus der Schweiz.

Bernina C 114 diente über die Weihnachtstage als temporäre Fonduestube im Garten des RhB-Verwaltungsgebäudes in Chur. Am 09.01.2020 kehrt er auf die Gleise der RhB in Landquart zurück. Bild: Herbert Graf

24

MIB X 10

Wenn mal wieder Schnee liegt …

Die meterspurige MIB, die Meiringen-Innertkirchen-Bahn, verbindet Meiringen mit Innertkirchen. 1923 als Werksbahn errichtet, wurde die knapp fünf Kilometer lange Strecke seit 2021 von der Zentralbahn (zb) betrieben. Im Jahr 2005 entstand die zb aus dem Zusammenschluss der Brünigbahn und der Luzern-Stans-Engelberg-Bahn – ihre Wurzeln reichen damit bis 1897 zurück. Eine Besonderheit bietet der Tunnelbahnhof Aareschlucht Ost im Kirchet-Tunnel. Sein Eingang ist dem eines Bergwerksstollens ähnlich und damit sehenswert!

Da diese Strecke seit 1977 auch elektrifiziert ist, tummelt sich hier allerlei Schienenmaterial unterschiedlicher Traktion. Beim genauen Hinsehen sind auch zahlreiche bahntechnische Leckerbissen zu finden. Zuweilen sind auf dieser Strecke auch Fahrzeuge aus weit zurückliegenden Epochen zu sehen, wie etwa ein Flachwagen der Jura-Simplon-Bahn oder alte Schotterwagen. Auch ein ehemaliger Schmalspur-Tm II der SBB lässt sich hier regelmäßig blicken. Diese zweiachsigen Bautraktoren sind inzwischen leider selten geworden.

Für alle Fälle gerüstet: Falls es mal wieder kräftig schneien sollte, steht in Innertkirchen der MIB X 10 der KWO, der Kraftwerke Oberhasli AG, bereit. Schnee ist in der Höhe von 625 Metern ü. M. keinesfalls abwegig – Lawinen leider auch nicht. Bild: Stefan Wohlfahrt

Eisenbahn-Ensemble

Eine perfekte Untermalung

25

Was gibt es Schöneres als eine historische Eisenbahn, bei der nicht nur die Umgebung wie etwa die Telegrafenmasten, das Gleisbett mit Holzschwellen oder natürlich eine korrekte Zugzusammenstellung gegeben sind, sondern auch das Drumherum stimmt? Neben historischen Bahnhofsgebäuden, alten Lagerhäusern, Lichtmasten oder Signalanlagen können das durchaus auch schon mal Straßenfahrzeuge aus der »guten alten Zeit« sein. Wenn das alles zusammenkommt, lebt die damalige Zeit nochmals richtig auf und viele Augen fangen an zu leuchten.

Mehr als nur Deko

In einigen Fällen wird gerne ein historischer Traktor oder ein alter VW-Käfer als Dekoration neben den Schienenlauf oder einem Bahnhof aufgestellt. Das ist gut, aber da ist noch viel Luft nach oben! Unverän-

Eine perfekte Kombination aus Güter- und Personenverkehr: Ein Saurer-Lastkraftwagen belädt den »Glockenzug«, bestehend aus der E 3/3 853, einem Aussichtswagen GME sowie dem Flachwagen S4t, mit der revidierten Glocke. Bild: Walter Ruetsch

dert liefern historische Vereine Beispiele für eine schöne und historisch korrekte Gestaltung eines Eisenbahn-Ensembles, bei dem sich der Personen- und Güterverkehr auf der Straße, aber auch auf der Schiene, in seiner schönsten Form darstellt. Eines bietet der Verein Historische Eisenbahn Emmental (VHE) zusammen mit dem Verein Dampfbahn Bern (VDBB). Wie zu Großvaters Zeiten brachte hier ein historischer Saurer-Lastkraftwagen mit Kran die revidierte Glocke in die Nähe der ehemaligen VHB Station Ei an der Strecke Sumiswald-Grünen–Wasen. Das hübsche hölzerne Haltestellen-Häuschen von Ei dient heute teilweise auch Bussen als Haltestelle. Die Zweigstrecke sowie die Strecke Ramsei–Huttwil wurde im Jahr 1908 von der Ramsei–Sumiswald–Huttwil Bahn (RSHB) eröffnet. Im Jahr 1944 fusionierte die RSHB mit den beiden Huttwiler-Bahnen LHB und HWB zu den Vereinigten Huttwil-Bahnen VHB. 1945 wurde der elektrische Betrieb eingerichtet.

Zu finden ist die Strecke auf der Achse zwischen Luzern und Bern. Bereits 1994 wurde der Personenverkehr eingestellt und durch Busse ersetzt, da mit der zunehmenden Motorisierung die Frequenzen immer schlechter wurden. Zunächst blieb aber der Güterverkehr noch auf der Strecke. Doch mit dem Fortschreiten der Verschlechterung der Strecke fiel schließlich im Jahr 2004 der Entschluss, den Betrieb einzustellen. Die Rettung für die Strecke kam mit der Entscheidung, einen Museumsbetrieb einzurichten. Seit 2017 können glücklicherweise wieder Dampfzüge auf der normalspurigen, 5,4 Kilometer langen Strecke nach Wasen fahren.

Einige Festbesucher begleiteten die Glocke zusammen mit einem Traktor. Für die älteren unter ihnen stand ein historischer Saurer-Postbus zur Verfügung. Auf diese Weise werden auch Straßenfahrzeuge zu einem wertvollen Bestandteil einer historischen Eisenbahn. Bild: Walter Ruetsch

Knoten-Punkt …

… und Bahnhof mit »Null-Stunden-Stein«

26

Die Stadt Olten im Kanton Solothurn war einst ein beschauliches, ländliches Städtchen. Mit der Eisenbahn sollte sich das jedoch rasch ändern. Vor allem mit der Eröffnung des 2.495 Meter langen Hauenstein-Scheiteltunnels im Jahr 1858 wurde Olten bald zu einem regelrechten Eisenbahnknotenpunkt. Es entstanden Verbindungen von Basel in die Zentralschweiz nach Bern, aber auch nach Biel oder Zürich, in die Zentren der Uhrmachereien von Neuchatel und schließlich Genf. Auch Luzern am Vierwaldstättersee, sowie St. Gallen und der Bodensee waren nun ein Teil dieses Netzes geworden. Reisen in und vor allem durch die Schweiz führten schon beinahe zwangsläufig durch den Bahnhof von Olten. Die Schweizerische Centralbahn ließ dazu in Olten auch eine »Centralreparaturwerkstätte« errichten, deren Leitung ab 1856 keinem geringeren als dem Schweizer Ingenieur Nicolaus Riggenbach, zu dessen Erfindungen die Leiterzahnstange für das Zahnradbahnsystem Riggenbach zählt, unterstand. Unter seiner Führung sollte sich die Werkstätte zu einer der großen Maschinenfabriken des Landes entwickeln. Neben der Reparatur von Eisenbahnfahrzeugen wurden aber auch Eisenbahnwagen und Lokomotiven produziert. Immer mehr Mitarbeiter kamen aus den umliegenden Kantonen mit ihren Familien und sorgten für einen deutlichen Bevölkerungszuwachs in Olten.

Ein wesentlicher Knotenbahnhof der Schweiz

Noch heute sind in Olten zahlreiche Eisenbahnangestellte ansässig. Viele von ihnen sind in der einst neben dem Bahnhof errichteten Hauptwerkstätte, dem heutigen Industriewerk Olten, tätig. Dieses Industriewerk ist für den gesamten Personenwagenbestand der Schweizerischen Bundesbahnen zuständig. Es ist das einzige der SBB und dient zudem als Außenstelle der SBB Historic sowie als Depot für Elektrolokomotiven und weiteres rollfähiges Material. Olten ist damit unverändert eine echte Eisenbahnerstadt. Aufgrund der Wirtschaftskrise in den 1970er-Jahren wurde ein geplanter Bau eines neuen Rangierbahnhofs wieder aufgegeben. Die in frühen Jahren von den umliegenden Gemeinden zur Verfügung gestellten Flächen für den Bau von weiteren Werkstätten und Bahnlinien wurden nicht vollständig genutzt und lagen seither brach. Nach der Jahrtausendwende wurde das Land wieder verkauft. Viele Umbaumaßnahmen veränderten vor allem die Gleisanlagen, die Bahnsteige und die Dächer dieses Kreuzungsbahnhofs. Der weit über einhundertsechzig Jahre alte Bahnhof wurde unzählige Male umgestaltet. Eines aber ist dem Bahnhof geblieben: Überreste des »Null-Stunden-Steines« der Centralbahn sind am Gleis 12 in die Wand eingelassen. Die damalige Bahndirektion der Centralbahn legte hier den »Null-Stunden-Stein« fest. Auch nach der Einführung des metrischen Systems in der Schweiz 1875 blieben die Nullsteine als Basis der Vermessungen bestehen. Heute ist der Bahnhof Olten mit seinen 10 Gleisen und einer Tagesfrequenz von bis zu 100.000 Fahrgästen einer der Wesentlichsten in der Schweiz. Er liegt nach dem Hauptbahnhof in Zürich auf Platz zwei.

Der Bahnhof Olten kommt nach dem Hauptbahnhof Zürich auf Platz zwei in der Schweiz. Im Hintergrund das Juragebirge. Bild: Karl Brodowsky, CC BY-SA 3.0

Das Tor zu Graubünden

27

Größtes Gebäude in der Geschichte der RhB

Die Rhätische Bahn ließ in Landquart, einer politischen Gemeinde im Kanton Graubünden, ein neues Gebäude errichten. Als Bauherr veranlasste die RhB die Architekten, mit der Errichtung des Spezialbaus im Mai 2018 zu beginnen. In diesem neuen »Interventionsstützpunkt« sind seit seiner Fertigstellung alle in Landquart stationierten Fachdienste der Infrastruktur untergebracht.

Dazu zählen im Wesentlichen elektrotechnische Anlagen wie die Fahrleitung, Sicherungsanlagen, Kabelanlagen und Niederspannung, die Telecom, sowie der Bahndienst Nord. Neben Werkarbeitsplätzen und Lagerräumen sind hier auch eine Lokhalle sowie Großraumbüros eingerichtet. Zur Optimierung des Gesamtkonzeptes konnten während der Bauphase der sehr aufwendigen Konstruktion Ideen eingebracht und an vielen Stellen berücksichtigt werden. Das Gebäude wird an seinem exponierten Standort Landquart auch als »Tor zu Graubünden« bezeichnet. Immerhin, der Neubau am Bahnhofsplatz gilt als das größte Gebäude in der Geschichte der Rhätischen Bahn.

Während der Bauphase war die Streckenführung etwas beeinträchtigt. Die S1 1525 mit ABe 4/16 3102 aus Schiers fährt durch ein Nadelöhr in Landquart ein. Inzwischen stößt der »Interventionsstützpunkt Infrastruktur« in der Bevölkerung auf großes Interesse. Bild: Herbert Graf

Hoch überm Rhein

28

457 Meter unter Denkmalschutz

Als Kulturgut von regionaler Bedeutung eingestuft, steht die Eisenbahnbrücke Eglisau heute unter Denkmalschutz. Mit dem Bau der eingleisigen Brücke wurde 1895 begonnen. Knapp eine Million Schweizer Franken mussten dafür aufgebracht werden.

Bereits 1897 war die Brücke für die Strecke nach Schaffhausen fertiggestellt. Das ist enorm, denn ihre Gesamtlänge beträgt 457 Meter und ihre Höhe über 60 Meter. Zur Überwindung des Tals mussten 21 gemauerte Steinbögen errichtet werden, deren lichte Weite jeweils 15 Meter beträgt. Die Länge der genieteten Fachwerkbrücke beträgt 90 Meter. Doch bereits bei der Eröffnung der Eisenbahnbrücke wurden Schäden festgestellt. Risse entstanden und die beiden Uferpfeiler wiesen eine reduzierte Standsicherheit auf. Allerdings wurden erst 1921 sichernde Maßnahmen, eine komplette Sanierung 1982 durchgeführt. Das Wahrzeichen dieser Strecke wurde aktuell erneut saniert und dabei unter anderem der Korrosionsschutzanstrich der Mittelkonstruktion erneuert. Die Kosten für die Instandsetzung beliefen sich etwa auf 4,5 Millionen Schweizer Franken.

Schon von Weitem ist das gewaltige Bauwerk als eisenbahntechnischer Kunstbau und als enorme Leistung der Ingenieure und Konstrukteure der Nordostbahn zu erkennen. Bild: Andreas Hackenjos

Hinterrheinbrücke, die zweite!

Gesamtsieger Building Award 2021

29

Die Hinterrheinbrücke, eine Eisenbahnbrücke im Kanton Graubünden, wurde im Jahr 1895 fertiggestellt. Sie gilt als Kulturgut von regionaler Bedeutung. Da sie nur eingleisig angelegt war, stellte sie einen betrieblichen Engpass dar. Daher wurde die denkmalgeschützte Fachwerkbrücke mit einer zweiten Hinterrheinbrücke ergänzt.

Bereits 2018 konnte die neue Brücke in Betrieb genommen werden. Bis zum Abschluss der Sanierungsarbeiten an der alten Brücke verlief der Verkehr eingleisig. Seit 2019 ist der zweispurige Ausbau der Bahnlinie Chur–Tamins abgeschlossen. Die schlanke Stahlbrücke überspannt den Hinterrhein und die Nationalstraße A13 mit einer lichten Weite von 63 Metern. Für den Bau ließ die Rhätische Bahn AG einen anonymen Projektwettbewerb durchführen. Die hohen Anforderungen erfüllte schließlich der Entwurf einer feingliedrigen und zeitgemäßen Brücke, deren schlanker Stahltrog mit V-förmigen Streben auf schlichten Betonpfeilern und Widerlagern ruht. Der Neubau orientiert sich in seiner Materialwahl an der historischen Brücke.

Die Fahrbahn der neuen Brücke liegt auf der gleichen Höhe wie die der bestehenden. So bleibt das Gitterwerk des denkmalgeschützten Bauwerks weitestgehend unverstellt und gut sichtbar. Die neue Brücke kann zudem wesentlich geräuschärmer befahren werden. Bild: Herbert Graf

Über dem Abgrund

30

Ein 86 Meter langer Dreigelenkbogen

Intragna im Kanton Tessin trägt auch den Namen »zwischen den Flüssen«. Tatsächlich ist der Ort von zwei kleinen Flüssen umgeben, die sich am Ende seiner Erhebung, einem abgeflachten Bergsporn, vereinen. Die Kirche des Ortes, deren Glockenturm in den Jahren 1765 bis 1775 hinzugefügt wurde, ist mit 65 Metern Höhe der höchste freistehende Glockenturm im Tessin.

Die Centovallibahn, die Locarno im schweizerischen Tessin mit Domodossola in Italien verbindet, wurde 1923 eröffnet. Auch hier hatte der Erste Weltkrieg die Arbeiten verzögert. Mit dieser Strecke wurde eine Verbindung zwischen den legendären Bahnen durch den Simplon und den Gotthard geschaffen. Auch Intragna, Kilometer 4,7 ab Locarno, wurde damit angeschlossen. Dazu musste der Fluss Isorno anhand eines imposanten Kunstbaus überquert werden. 1915 wurde mit dem Bau einer Bogenbrücke aus Stahl begonnen, dieser musste im Jahr 1917 unterbrochen werden. Die Spannweite der Brücke mit ihrem Bogen unter der Fahrbahn beträgt 86 Meter, die Gesamtlänge 128 Meter. Die Inbetriebnahme der Bahn und der Brücke erfolgte schließlich im Jahr 1923.

Ölgemälde oder Foto? Ein elektrischer Gelenktriebwagen vom Typ ABe 8/8 überquert bei Intragna die Brücke. Im Hintergrund die Kirche von Intragna mit dem höchsten Kirchturm des Tessins. Bild: Stefan Wohlfahrt

Geschliffener Diamant

Schnell, wendig und sicher

31

Der Diamant, ein dreiteiliger Gelenkzug in Niederflur-Bauweise, hat seinen Namen jedoch nicht dem härtesten Material der Erde zu verdanken. Vielmehr setzt sich der Name aus den Adjektiven **D**ynamischer, **i**nnovativer, **a**ttraktiver, **m**oderner, **a**giler und dem Substantiv **N**ahverkehrs**t**riebzug zusammen. Der ABe 4/8 stammt aus der Schmiede von Stadler Rail und wird mit der Spurweite von 1.000 Millimetern zwischen Wohlen und Dietikon eingesetzt.

Die 59 Tonnen schweren Fahrzeuge erreichen eine Spitzengeschwindigkeit von 100 Kilometern in der Stunde und verfügen über ein bemerkenswertes Beschleunigungsvermögen. In den Jahren 2009 bis 2011 produziert, sind sie vor allem extrem wendig und können auch Kurven mit einem Radius von nur 25 Metern befahren. Auf ihrer Strecke zwischen dem Kanton Zürich und dem Kanton Aargau sind die Züge mit einer ersten Wagenklasse ausgestattet. Ihre Frontpartie wurde verstärkt und damit an die erweiterten Normen angepasst. Der Diamant ist somit mit seiner energieabsorbierenden Frontpartie besser gegen Kollisionen geschützt.

Ein ABe 4/8 »Diamant« von Stadler Rail auf der Reussbrücke in Bremgarten. Die Strecke Wohlen–Bremgarten–Dietikon ist eine wichtige Verbindung für den Pendlerbetrieb. 14 Fahrzeuge mit einer Länge über Puffer von 37.500 Millimetern wurden produziert. Bild: Herbert Graf

Interregio-Dosto

32

Doppelstöckig durch die Schweiz

Es war bereits die dritte Generation, welche die Stadler Rail AG an die SBB auslieferte. Der RABe 511 ist ein doppelstöckiger Triebwagenzug, der in einer vier- und sechsteiligen Version angeboten wurde. Der Schweizer Hersteller von Schienenfahrzeugen mit seinem Hauptsitz in Bussnang produziert vor allem Stadtbahnen und Triebzüge, auf Wunsch auch maßgefertigt.

Ab 2020 ging die SBB dazu über, einen Großteil der Triebzüge zu Interregio-Dosto (IRD) aufwerten zu lassen. Davon betroffen waren sowohl die vier-, als auch die sechsteiligen Garnituren, die seit 2012 als Regio-Züge ihren Dienst verrichteten. Im Rahmen der Umbaumaßnahmen nahmen die Stehplätze zu – allerdings zu Lasten einiger Sitzplätze. Platz wird unter anderem aber durch den Verzicht mehrerer Triebköpfe eingespart. Fortan gibt es nur noch einen am jeweiligen Ende des Zuges. Insgesamt sind diese Triebzüge deutlich moderner und komfortabler. 2021 wurden weitere Doppelstockzüge als teilweiser Ersatz der Altflotte und zur Verbesserung des Regionalverkehrs bestellt.

Was macht ein Regionalexpress nach Freiburg am Genfersee? An der besonderen Fahrt sind Arbeiten am Stellwerk in Lausanne verantwortlich gewesen. Als einer von zwei Zugpaaren ist hier der RABe 511 020 von Genève nach Fribourg via Vevey unterwegs. Bild: Stefan Wohlfahrt

La Ligne Verte

33

Die Lausanne-Echallens-Bercher-Bahn

Die meterspurige Bahn »La Ligne Verte« wurde im Jahr 1873 eröffnet. Zwei Gesellschaften, die Chemin de fer Lausanne–Echallens und die Central Vaudois, betrieben die Strecke. 1913 entstand durch die Fusion beider Gesellschaften die Lausanne-Echallens-Bercher-Bahn, die LEB, welche bis heute besteht.

1936 wurde die gesamte Strecke elektrifiziert. Zur Anwendung kamen 1.500 Volt Gleichstrom, Abschnitte in Lausanne und Prilly erhielten aufgrund einer Versorgung von Straßenbahnen zunächst 650 Volt. Ihre Streckenlänge von knapp 24 Kilometern erreichte sie im Jahr 2000, als die 1995 in der Innenstadt von Chauderon errichtete Tunnelstation nicht mehr Endstation war und die Strecke bis Flon verlängert wurde. Außerhalb des doppelspurigen Tunnels ist die Strecke einspurig. Für Zugbegegnungen wurden sieben Ausweichen eingerichtet. Die moderne Vorortbahn im Kanton Waadt wird aber auch von Nostalgie-Dampfzügen befahren. In den Monaten Juli und August verkehren sie an Sonntagen. Unterschiedliche historische Wagen werden dabei von der Dampflok G 3/3 5 »Bercher« aus dem Jahr 1890 gezogen, die bei der Museumsbahn Blonay–Chamby beheimatet ist.

Der LEB Be 4/8 61 von Lausanne Flon kommend zwischen Fey und Bercher. Die LEB, auch »Die Grüne Linie« genannt, wird durch das Verkehrsunternehmen Transports publics de la région lausannoise betrieben. Bild: Stefan Wohlfahrt

Vorsicht: Kaiman

34

Zwischen Messina und Catania

Sie spielte einst im schnellen Reise- und Güterverkehr eine bedeutende Rolle. Die italienische Baureihe E.656 in zweiteiliger Gelenkbauweise kam sogar für TEE-Züge auf den Strecken Italiens zum Einsatz. Doch nach und nach musste sie Aufgaben abgeben. Die 120 Tonnen schweren Maschinen wurden in den Jahren 1975 bis Ende der 1980er-Jahre produziert und waren mit einer Dauerleistung von 4.200 kW auf 150 Kilometer in der Stunde ausgerichtet.

Insgesamt wurden sechs Modifizierungen an den sechsachsigen Baureihen vorgenommen. Ein Großteil der Lokomotiven sollte den Dienst hauptsächlich im Güterverkehr leisten. Dafür wurde ihr Getriebe untersetzt. Dieser Eingriff beraubte sie ihrer Geschwindigkeit, verlieh ihnen aber deutlich mehr Zugkraft. Die Höchstgeschwindigkeit der nun als E.655 bezeichneten Lokomotiven lag damit bei 120 Kilometern in der Stunde. In den letzten Jahren reduzierte sich der Gesamtbestand der Lokomotiven mit dem Beinamen »Kaiman« deutlich. Von den 461 produzierten Lokomotiven sind nicht einmal mehr 50 der einst so stolzen Lokomotiven übrig geblieben.

Zwischen Messina und Catania verläuft eine größtenteils eingleisige, kurvenreiche Strecke mit zahlreichen Tunneln. Bei Forza d'Agrò zieht E 656 457 einen Zug mit gedeckten Güterwagen der Bauart H. Die Lokomotive stammt aus der vorletzten Serie.
Bild: Andreas Hackenjos

Frecciarossa 1000

35

Hochgeschwindigkeitszüge der anderen Art

Ende März 2013 wurde der Öffentlichkeit ein neuer Hochgeschwindigkeitszug präsentiert: der Frecciarossa 1000. Bei dieser Baureihe handelt es sich um einen von unterschiedlichen Herstellern produzierten Triebzug, von dem 64 Exemplare von der Trenitalia betrieben werden. Die Trenitalia ist eine 100-prozentige Tochtergesellschaft der Ferrovie dello Stato Italiane (FS), die sich 2000 als Geschäftsbereich Güter- und Personenverkehr aus der italienischen Staatseisenbahn abgespalten hat. Auf den Bahnstrecken Spaniens sind 23 weitere dieser Triebzüge anzutreffen.

Im Rahmen einer Arbeitsgemeinschaft von AnsaldoBreda, einem ehemaligen italienischen Schienenfahrzeughersteller, und der Bombardier Transportation sollten die italienischen Hochgeschwindigkeitszüge entstehen. Noch während der Arbeiten wurde die Bombardier Transportation im Jahr 2021 durch Alstom übernommen. Auch AnsaldoBreda sah einer Übernahme entgegen. Sie sollte zunächst in Teilen erfolgen. 2015 kam es aber zur vollständigen Übernahme durch Hitachi. Die heute als ETR 400

Der Frecciarossa 1000 ist bis zu 360 Kilometer in der Stunde schnell und sehr elegant. Hier verlässt der FS Trenitalia ETR 400 050 nach einem kurzen Halt den Bahnhof von Chambéry-Challes-les-Eaux. Bilder: Stefan Wohlfahrt

bezeichneten Triebzüge besitzen 16 Fahrmotoren, die auf die 202 Meter langen Züge verteilt sind. Sie besitzen keine Neigetechnik. Ein solcher Zug wiegt im besetzten Zustand beinahe 500 Tonnen. Um ihrem Titel Hochgeschwindigkeitszug gerecht zu werden, stehen ihnen abhängig vom jeweiligen Stromnetz bis zu 9.800 kW zur Verfügung. Mit einer solchen Leistungsreserve sind sie in der Lage, ihre maximale Zulassung von bis zu 360 Kilometern in der Stunde noch zu übertreffen. Fahrversuche erbrachten gewaltige Spitzengeschwindigkeiten von über 390, bei einem Test sogar 393,8 Kilometer in der Stunde.

Zunächst von der Ferrovie dello Stato Italiane (FS) und seinen Herstellern als ETR 1000 bezeichnet, wurde die Bezeichnung des über zweihundert Meter langen und aus acht Wagen bestehenden Triebzugs in ETR 400 umbenannt. Vierstellige Ziffern sind für das Rollmaterial nicht vorgesehen. Seinen Namen hat er einem bekannten Leichtathleten Italiens zu verdanken. Er erhielt in seiner Heimat den Beinamen Pfeil des Südens, auf italienisch »Freccia del Sud«. Die mit einer Geschwindigkeitsanzeige ausgestattete Baureihe erhielt 2021 auch für Frankreich ihre Zulassung. Damit verbinden die »roten Pfeile« Italiens mehrfach täglich Paris mit Lyon, Turin sowie Mailand. In Spanien verkehren sie zwischen Barcelona und Madrid, Valencia und Sevilla.

Der Trenitalia FS ETR 400 im Mailänder Zentralbahnhof, der Stazione Centrale. Damit trifft einer der modernsten Hochgeschwindigkeitszüge auf die 1931 errichtete Bahnhofshalle.

Gondeln am Bahnhof?

36

Kathedrale anstelle einer alten Kirche

Der Bahnhof Venezia Santa Lucia findet im Vergleich zu anderen Bahnhöfen der Erde eher selten Erwähnung. Doch ein Schattendasein führt er in keiner Weise! Das als Kopfbahnhof angelegte Gebäude ist der Hauptbahnhof in der Lagunenstadt. Zudem ist er der einzige in der Altstadt gelegene Bahnhof Venedigs.

Und wie das in Venedig üblich ist, liegt auch der Bahnhof auf einer Insel. Mit seiner beachtlichen Flächenausdehnung nimmt er einen großen Teil der Insel San Geremia ein.

Das Viertel mit seinem Bahnhof Venezia Santa Lucia ist der am dichtesten besiedelte Stadtteil. Hier, an der Stelle des heutigen Hauptbahnhofs, stand einst eine Kirche nebst Kloster, denen er seinen Namen zu verdanken hat. Die Geschichte der Kirche Santa Lucia reicht bis ins 12. Jahrhundert zurück, in dem sie als Pfarrkirche gegründet wurde. Im Jahr 1580 wurde die Kirche zum letzten Mal umgebaut. Das angeschlossene Kloster wurde

Für den Bau des ersten Bahnhofs in Venedig mussten die Kirche Santa Lucia und das angrenzende Kloster weichen. Die Eröffnung des Bahnhofs erfolgte 1863. Das Bild zeigt die Empfangshalle Ende 1800 mit einer Regatta auf dem Canal Grande. Dieses Bild (Archiv von Fotografico Naya-Böhm) ist am Eingang der heutigen Empfangshalle zu bewundern.

durch ein Dekret Napoleons 1806 aufgehoben. Mit dem Bau einer Eisenbahn nach Venedig wurde unter Führung der österreichischen Regierung begonnen. Bereits 1846 war die Eisenbahnbrücke nach Venedig fertig gestellt worden, doch die Züge sollten zunächst noch auf offenem Gelände vor der einstigen Kirche enden. 1861 wurden für den Bau eines Bahnhofs die Kirche Santa Lucia, das Kloster und einige weitere Gebäude abgerissen.

Eröffnung noch unter österreichischer Ägide

Die feierliche Eröffnung des ersten Bahnhofs Venezia Santa Lucia erfolgte im Jahr 1863. Der Bahnhof stand bereits an der Stelle der Kirche Santa Lucia. Heute ist das Erscheinungsbild des Bahnhofs ein anderes. An gleicher Stelle errichtet, steht seit 1952 ein unmissverständlich klarer Zweckbau. Völlig frei von Schnörkeln entstand nach der Vorlage mehrerer Entwürfe, die im Rahmen einer Ausschreibung eingereicht wurden, das neue Empfangsgebäude. Dabei fiel die Entscheidung auf die Entwürfe zweier Architekten, welche die Arbeiten an der Halle und am neuen Empfangsgebäude gemeinsam ausführten. Mit dem Ausbruch des Zweiten Weltkrieges kamen die Bauarbeiten jedoch zum Erliegen. Seine Eröffnung

Ein Bahnhof mit Anlegestegen für Gondeln – eine nicht gerade alltägliche Situation für ein Empfangsgebäude der Eisenbahn. Rechts neben dem Empfangsgebäude die historische Fassade der Kirche Santa Maria di Nazareth. Bild: Stefan Friesenegger

sollte sich bis 1952 verzögern. Die Weiterführung des Baus lag nunmehr aber in der Hand des Architekten Paolo Perilli. An die Kirche Santa Lucia erinnert heute eine Gedenktafel im Boden. Sie markiert jedoch nur den ungefähren Standort der einstigen Kirche, da ihre Lage nicht eindeutig belegt ist. Die Züge erreichen den Bahnhof vom Festland her über die rund drei Kilometer lange Brücke, die Ponte della Libertà. Bevor die Züge ihren Weg nach Venedig antreten, halten sie in der Regel noch am Bahnhof Venezia Mestre auf dem Festland.

Im Bahnhof Santa Lucia finden durchaus zahlreiche Abfahrten statt. Unter Dächern geschützt befinden sich 14 Gleise. Beinahe ebenso viele Gleise mit Bahnsteigen, aber auch Abstell- sowie Rangiergleise sind auf der Außenanlage beiderseits der überdachten Bahnsteige angelegt. Nur etwa 50 Meter vor dem Empfangsgebäude liegen die Anlegestege der Vaporettos der Azienda del Consorzio Trasporti Veneziano (ACTV), die den öffentlichen Nahverkehr in Venedig betreibt. Zum Betreiber des öffentlichen Verkehrsdienstes zählen auch die Busse zwischen Venedig und dem Festland sowie die Straßenbahn von Venedig Piazzale Roma. Da hier am Canal Grande, der vier Kilometer langen Hauptwasserstraße in Venedig, auch Gondeln anlegen und Fahrgäste der Bahn in das Reich der Romantik mitnehmen, ist der Bahnhof Santa Lucia nicht nur einer der ganz wenigen

In dem ansonsten so überaus romantischen Venedig, dem Mekka für Kunstliebhaber mit seinen Palästen aus der Renaissance sowie der Gotik und seinen roten Ziegeldächern, wirkt die Empfangshalle des Bahnhofs Venezia Santa Lucia sehr puristisch. Manche meinen, er wirke schon fast deplatziert. Bild: Stefan Friesenegger

Bahnhöfe mit einem Anlegesteg für Boote, sondern tatsächlich der einzige mit Anlegestegen für Gondeln.

Der Bahnhof Santa Lucia, dessen Betreiber seit 1998 die Grandi Stazioni S.p.A., ein teilweises Tochterunternehmen der italienischen Ferrovie dello Stato-Gruppe ist, wird von den Nahverkehrszügen der Trenitalia und von Fern- und Nachtzügen aus unterschiedlichen Richtungen frequentiert. Auch der Eurostar, der internationale Hochgeschwindigkeitszug, ist regelmäßig zu Gast. Im Bahnhof wird schnell klar, weshalb Venedig als die teuerste Stadt Italiens gilt. Und doch beherbergt der Bahnhof ein kleines Einkaufszentrum. Aufgrund einer großen baulichen Veränderung im Jahr 2010 finden seither noch mehr gastronomische Einrichtungen und Einzelhandelsgeschäfte ihren Platz in der Empfangshalle. Seit der Eröffnung des Bahnhofs gab es keine erwähnenswerten Vorkommnisse. Doch am 11. Juni 2023 wurden plötzlich alle Ankünfte und Abfahrten blockiert. Der Grund: ein Bombenalarm! Ein anonymer Anrufer kündigte bei der Polizei eine Bombe am Bahnhof Venedig an. Zahlreiche Einsatzkräfte der Polizei und der Feuerwehr waren schnell vor Ort. Gefunden wurde glücklicherweise nichts, sodass der Bahnhof wieder für den Verkehr freigegeben werden konnte.

Auch unter dem Namen Kyra wurden die elektrischen Hochgeschwindigkeitszüge bekannt. Von der Trenitalia werden die Züge mit einer Höchstgeschwindigkeit von 250 Kilometern in der Stunde als ETR700 seit 2019 eingesetzt. Bild: Stefan Friesenegger

Um den Ätna herum

Unterwegs auf schmaler Spur

37

Wo einst ein großes schmalspuriges Eisenbahnnetz verlief, ist jetzt nur noch ein kläglicher Rest vorzufinden. Die regionale Nahverkehrsgesellschaft Ferrovia Circumetnea (FCE) betreibt eine Schmalspurbahn, deren Strecke einst beinahe um den Ätna herum reichte. Ferrovia steht im Italienischen für Eisenbahn oder Eisenbahngesellschaft, mit Circumetnea ist das Umrunden des Ätna gemeint. Nach der Stilllegung des restlichen Netzes, dessen erster Streckenabschnitt 1895 eröffnet wurde, ist sie als einzige erhalten geblieben.

Mit einer erneuten Verkürzung der Strecke finden heute nur noch wenige Fahrten statt. Sie dienen im Wesentlichen der Beförderung von Schulkindern. Hinzu kommen Sonderfahrten für zahlreiche Touristen und Eisenbahnfreunde. Die Gesellschaft verfügt über 24 Triebwagen. Darunter befindet sich auch der Littorina, ein 1937 in Dienst gestellter und hervorragend restaurierter Fiat-Dieseltriebwagen. Dieser FS ALn 56 wird nach wie vor bei Sonderfahrten auf der Schmalspurbahn mit ihren 950 Millimetern eingesetzt.

Der Ätna gilt als gemäßigt, doch hatte er immer wieder Gleisabschnitte in Mitleidenschaft gezogen. Heute benutzen vor allem Touristen oder Schulkinder die Fahrzeuge der Ferrovia Circumetnea. Der dieselbetriebene Triebwagen RALn 64 ist auf dem Weg nach Riposto. Bild: Andreas Hackenjos

Vespa auf Schienen?

38

Vorreiter in Sachen Materialverbindung

Bereits im frühen 20. Jahrhundert wurde ein Stahl legiert, dem eine hohe Widerstandskraft gegen Korrosion nachgewiesen werden konnte. Heute zählt Edelstahl zu den bedeutendsten Produktionsmaterialien. Nach seinem Siegeszug in der Medizin und der Haushaltstechnik, bedienten sich seiner auch Waggon- und Triebwagen-Hersteller. Mitte der 1930er-Jahre begann Piaggio als erstes Unternehmen in Italien mit dem Bau von Triebwagen und Elektrolokomotiven aus Edelstahl.

Der verwendete Edelstahl erforderte deutlich weniger Wartung als andere Materialien dieser Tage. Piaggio entwickelte zudem ein Verfahren, um die Bleche dauerhaft miteinander zu verbinden, ohne deren Eigenschaften bezüglich des Korrosionsschutzes zu beeinträchtigen. Piaggio lizenzierte seine Technik an die The Budd Company in Philadelphia, die als »shot welding« bekannt wurde. 1937 verkaufte Piaggio zehn Lokomotiven mit Elektroantrieb an die Ferrovie Calabro Lucane, eine süditalienische Eisenbahn. Später wurde der »Motor 54« der Baureihe MC2 50 wieder zurückgekauft, restauriert und direkt im Eingangsbereich des Museo Piaggio in Pontendera ausgestellt. Edelstahl rostet nicht und kommt auch nicht

Ein Triebwagen aus Edelstahl kommt einem entgegen, wenn man sich dem Museum nähert. Bild: Archivio Storico Piaggio, Pontedera

Bus-Draisine und Lkw-Lok

Schienenfahrzeuge Marke Eigenbau

39

Was auf den Straßen keine Zulassung mehr bekommt, nimmt mitunter auf den Schienen Platz und hat hier oftmals sogar noch ein langes Leben vor sich. Die Rede ist von tatsächlich selbstgebauten Lokomotiven, deren Fahrgestell augenscheinlich von Eisenbahnfahrzeugen stammt, aber mit einem Oberteil ehemaliger Straßenfahrzeuge verheiratet wurde. Dabei spielt es scheinbar keine Rolle, was einst das Unter- oder Oberteil war.

Beim Anblick solcher offenkundig zusammengebastelten Schienenfahrzeuge stellt sich sicher der eine oder andere die Frage nach der Geschichte der Fahrzeuge und welchen Zweck diese erfüllen sollen. Die Recherche führt uns im Wesentlichen zurück in die 30er-Jahre des letzten Jahrhunderts. In jenen Tagen baute die Rio Grande Southern Railroad (RGS) Triebwagen aus Pkw- oder sogar aus Omnibuskarossen zusammen. Der Grund dafür lag auf der Hand: finanzielle Engpässe. Anstelle von Dampflokomotiven waren diese Fahrzeuge deutlich günstiger und erfüllten ebenfalls ihren

Im rumänischen Novăț sind solche Unikate unterwegs. Hier wurde ein Ford Transit aus den 1990er-Jahren zu einer Art Draisine aufgebockt und mit dem »amtlichen« Kennzeichen »RG HOLZ 06« versehen. Bild: Herbert Graf

Zweck. Viele dieser Fahrzeuge erhielten Spitznamen. Allen voran die railcars der RGS, die anstelle ihrer offiziellen Bezeichnung »Motor« weltweit als »Galloping Goose« bekannt wurden. Ein weiterer Vorteil dieser Fahrzeuge lag darin, dass sie mit ihrem im Vergleich mit einer »richtigen« Lok geringeren Gewicht das Gleisbett weniger belasteten.

Solchen Fahrzeugen sollten zahlreiche folgen. Das gilt im Grunde genommen für die Bahnen in der ganzen Welt. Die RGS setzte ihre Gänse bis etwa Mitte der 1950er-Jahre ein. Übrigens soll die RGS auch schon im Jahr 1913 für eine Schmalspurbahn ein solches Fahrzeug für die Instandhaltung der Gleise gebaut und erfolgreich eingesetzt haben. Nach dem Zweiten Weltkrieg waren auch in Deutschland Fahrzeuge dieser Art zu finden. Sie waren vor allem der Materialknappheit nach dem verheerenden Krieg geschuldet. Bei ihnen handelte es sich aber in den meisten Fällen um Draisinen. Sie wurden für den kleinen Unterhalt der Strecken eingesetzt und damit sehr gerne von Streckenwärtern genutzt. In Bezug auf Bauart und Betrieb zählen diese Hilfsfahrzeuge in Europa jedoch nicht zu den Triebwagen der öffentlichen Personenbeförderung. Gemäß der Eisenbahn-Bau- und Betriebsordnung (EBO) sind sie keine vollwertigen Eisenbahnfahrzeuge. Die »Lösung von einfachen Betriebsverhältnissen« lässt sich beispielsweise noch heute bei der Waldbahn von Vișeu de Sus, im Norden Rumäniens, finden.

Auch der Eritrean Railways sind solche Eigenbauten ein Begriff. Dieser ehemalige Ural 2 leistet in Arbaroba als Baudienstfahrzeug seine treuen Dienste. Das Thema Unfallschutz steht hier jedoch nicht gerade im Vordergrund. Bild: Herbert Graf

Charakterkopf

Spitznamen muss man sich gefallen lassen

40

Der Prototyp einer dieselelektrischen Universallokomotive der ehemaligen Tschechoslowakischen Staatsbahn (ČSD) entstand im Wesentlichen im Jahr 1968. Es war die Zeit, in der sich vielerorts die Lokomotiven das Rauchen abgewöhnen mussten. Die Konstruktion des Typs T 478.1 bildete dabei die Grundlage. Ab 1970 wurden 408 der ČSD-Baureihe T 478.3 produziert, die vor allem auf den nicht elektrifizierten Hauptstrecken den Dienst verrichteten.

Die Baureihe T 478.3 ist mit einem blendfreien Führerstand ausgestattet, der ihr den Spitznamen Taucherbrille oder mancherorts auch Brillenschlange einbrachte. Mit der Einführung des EDV-Nummernsystems im Jahr 1988 wurden die Lokomotiven in die Baureihennummer 753 eingeordnet. Ab 1991 modernisierte Maschinen erhielten die Baureihennummer 750. Der Antrieb der 73 Tonnen schweren und 1.320 kW starken Maschinen erfolgt über einen wassergekühlten Zwölfzylindermotor. Der hier erzeugte Strom treibt die vier Fahrmotoren an. Ihre Höchstgeschwindigkeit beträgt 100 Kilometer in der Stunde. Ein Teil wurde regelmäßig modernisiert, was sich auf die Baureihennummern auswirkte.

Die »Taucherbrille« 754 006-5 aus Prag im Bahnhof Bayerisch Eisenstein direkt am hiesigen Localbahnmuseum. Beim Umsetzen hatte sie die Grenze kurz überquert. Bild: Stefan Friesenegger

Brotbüchsen & Motorräder 41

Der Semmering in Tschechien

Sie fahren jeden Samstag, Sonntag und Feiertag, das ganze Jahr über. Nur zwischen Weihnachten und Neujahr machen sie eine Pause. Die Rede ist vom Motoráček, dem sogenannten Prager Motorrad. Ebenso spannend klingt die Eisenbahnstrecke, auf der sie fahren. Sie wird in Tschechien »Prager Semmering« genannt und verbindet den Bahnhof Praha-Smíchov mit dem Bahnhof Hostivice auf einer fast 20 Kilometer langen Strecke.

Diese Bahnstrecke wurde von der Buschtěhrader Eisenbahn erbaut und betrieben. 1872 wurde die zunächst nur für den Güterverkehr eingerichtete Strecke auch für den Personenverkehr freigegeben. Aufgrund ihrer überaus verwundenen Streckenführung mit ihren über 20 Meter hohen Viadukten wird sie zurecht als Prager Semmering bezeichnet. Sehenswürdigkeiten reihen sich hier aneinander. Beispiele sind das Naturschutzgebiet Prokop-Tal, der Naturpark Košíře-Motol und natürlich die Strecke selbst. Fahrten auf der Strecke sind praktischerweise an des einheitliche Tarifsystem des integrierten Prager Verkehrs angebunden.

Auf dem Prager Semmering sind historische Triebwagen als »Pražský motoráček« ebenso unterwegs wie die »Brotbüchsen« der Reihe 810. Hier überquert der 810 231 als Os 25907 das über 20 Meter hohe Severozápadní-Viadukt. Bild: Lukas Kriwetz

Die Draubrücke …

42

… und der neue Flirt 4 der SŽ

Im Nordosten Sloweniens liegt die Stadt Maribor oder auf Deutsch Marburg. 2012 wurde Maribor zur Kulturhauptstadt von Europa. Nach Graz beträgt die Entfernung gerade einmal etwa 60 Kilometer. Zu Maribors Füßen liegt die Drau. Sie entspringt in Südtirol, fließt durch Slowenien, Kroatien und Ungarn und gelangt über die Donau schließlich ins Schwarze Meer. Die Hauptbrücke über die Drau überführt die Drautalbahn. 1844 als eingleisige Holzbrücke errichtet, wurde sie 1866 durch eine dreigleisige Stahlbrücke mit drei Bögen ersetzt. In dieser Form existiert die 209 Meter lange Brücke noch heute.

Die Slovenske železnice (SŽ) führte 2021 die Baureihe 510, den Stadler Flirt 4, ein. Die Baureihe ist dreisystemfähig ausgelegt. Mit 3 kV Gleichspannung können die Spannungssysteme in Slowenien und Italien, mit 15 kV das Nachbarland Österreich, mit 25 kV Kroatien als Wechselspannung bedient werden. Die neuen Fahrzeuge wurden sukzessive in Betrieb genommen. Neben dem elektrisch angetriebenen Flirt kommen auch dieselelektrische Triebwagen zum Einsatz. Ihre zugelassene Höchstgeschwindigkeit beträgt 140, die der elektrisch betriebenen Fahrzeuge 160 Kilometer in der Stunde.

Der 510 014 auf der Draubrücke Maribor. Dabei handelte es sich noch um eine Probefahrt des neuen Stadler Flirt. Bild: Lukas Kriwetz

Brücke des Friedens

43

Wenn aus Stahl Beton wird

Mit einer Länge von knapp 300 Metern und der Höhe von 42 Metern ist das Viadukt der Most Míru ein gewaltiges Bauwerk. Mit dem Bau wurde im Jahr 1940 begonnen. Da Stahl im Zweiten Weltkrieg an anderer Stelle weitaus dringender benötigt wurde, musste die ursprünglich geplante Konstruktion als Stahlviadukt, gestützt auf Betonpfeilern, geändert werden.

Erst im Jahr 1946 wurden die Arbeiten an der Brücke fortgesetzt. Letztendlich entstanden dreizehn Rundbögen, gemauert aus Beton, deren Pfeiler an ihren Stirnseiten mit Granitblöcken verkleidet wurden. Für den großen Hauptbogen ging aus unterschiedlichen Lösungsansätzen schließlich ein etwa 120 Meter überspannender Bogen hervor. Mit dem Bau des Eisenbetonbogens wurde im Jahr 1950 begonnen. Er gilt als der längste seiner Art in Tschechien. Die Most Míru konnte 1952 fertiggestellt und Ende 1953 feierlich dem Verkehr übergeben werden. Das Viadukt nahe der Gemeinde Dolní Loučky überführt die Strecke Brünn–Havlíčkův Brod. Unter ihr befinden sich eine Landstraße und der Fluss Libochovka.

Zwischen dem 633 Meter langen Loučky-Tunnel und der Haltestelle Dolní Loučky steht die Brücke des Friedens. Der Loučky-Tunnel diente im Zweiten Weltkrieg als Fertigungsstätte für die Messerschmitt Bf 109. Bild: Lukas Kriwetz

»Kennedy« in Bosnien

Dieseldonner neben einem Lok-Friedhof

44

In der Region Doboj und Lukavac bei Sočkovac in Bosnien und Herzegovina sind regelmäßig mit Kohle beladene Züge anzutreffen. In diesem Winkel der Erde verläuft seit 1886 die Bahnstrecke Doboj–Tuzla. Lukavac ist noch immer Kohle-Abbaugebiet und damit eine Anlaufstelle von Kohlezügen, die in der Regel von JŽ-Baureihen 661 gezogen werden.

Diesellokomotiven der JŽ-Baureihe 661 haben ihren Ursprung in den USA. Die Jugoslovenske Železnice beschaffte ab 1960 die Maschinen und passte sie an die bahntechnischen Bedingungen in Jugoslawien an. Sie wurden vor allem im schweren gemischten Dienst eingesetzt. Die Electro-Motive Division produzierte in den Jahren von 1960 bis 1972 218 dieser 18.510 Millimeter langen, 112 Tonnen schweren, dieselelektrisch angetriebenen Lokomotiven. Sie erhielten vom Personal den Beinamen »Kennedy«, der zum Zeitpunkt der ersten Lieferung US-Präsident war. Nach 1972 wurden einige Nachbauten hinzugekauft. Auf Abstellgleisen im Bahnhof Doboji rosten neben zahlreichen 661ern auch ausrangierte V 60 und V 100 der Deutschen Bundesbahn vor sich hin.

Ein Wagenzug, schwer beladen mit Kohle, wird von der Lokomotive 661 321 gezogen. Um ihr die Arbeit zu erleichtern, schiebt 611 275 nach. Auf dieser eingleisigen Strecke ist das ein sich ständig wiederholendes Bild. Bild: Andreas Hackenjos

Schaukelnd durchs Banat

45

Bahnfahrt an der Grenze zu Serbien

Weite Ebenen, nahezu ausschließlich landwirtschaftlich genutzt, prägen das Bild der Landschaft an der Grenze zu Serbien. Größter Wirtschaftszweig der Region um Theremia Mare ist der Weinbau. Er geht auf die Mitte des 18. Jahrhunderts zurück, als deutsche Aussiedler die Kunst des Weinanbaus mitbrachten und dem Ort den Namen Marienfeld gaben. Das Banat, wie sich die Gemeinde im Südwesten Rumäniens aus ihrer Historie nennt, ist an die eingleisige etwa 75 Kilometer lange Eisenbahnstrecke Timișoara–Nerău angebunden.

Hier ist ab und an ein Dieselgebrummel zu vernehmen. Die Bahnstrecke ist Heimat des Regio Nero–Arad. Betrieben wird die Bahn von der Regiotrans, einem 2004 gegründeten Privatunternehmen mit Sitz in Brașov, das sich auf den öffentlichen Transport mit Zügen spezialisiert hat. Von Regiotrans werden zahlreiche ältere, gebrauchte Lokomotiven der SNCF-Baureihe BB 25500 und Triebwagen der SNCF-Baureihen X 4300 sowie X 4500 eingesetzt, die von der SNCF ausrangiert wurden.

Lost Places? Selbst der Bahndamm mit seinem Oberbau ist von der Vegetation teilweise vollkommen überwuchert. Hier brummelt der X 4500 vor sich hin und verbindet Marienfeld mit den Ortschaften auf der Strecke Timișoara–Nerău. Bild: Andreas Hackenjos

Die höchste Europas

46

Das Mala-Rijeka-Viadukt

Mit einer Gesamthöhe von 198 Metern ist sie die höchste Eisenbahnbrücke in Europa. Damit ist sie fast doppelt so hoch wie die höchste Deutschlands, die Müngstener Brücke. Auf einer Länge von 498,8 Metern überspannt sie das zerklüftete Tal des Mala Rijeka, dem »kleinen Fluss«.

Dieses gewaltige Viadukt liegt zwischen dem Bahnhof des Wintersportortes Kolašin und dem des Dorfes Bioče in Montenegro. Mit dem Bau wurde im Jahr 1969 begonnen. Allein der Überbau, eine Kastenträgerbrücke in Form eines Fachwerks, weist ein Gewicht von über 2.650 Tonnen auf. Mit dieser Verstärkung ist diese Stahlbrücke besonders verwindungssteif. Innerhalb des 12 Meter hohen Rautenfachwerks verläuft die eingleisige, elektrifizierte Strecke. Alle vier Pfeiler sind auf dem Felsen gegründet. Für jedes der vier Fundamente wurden etwa 8.000 Kubikmeter Beton verwendet. Die größte Stützweite mit 150,8 Metern liegt in der Mitte. Das Brückenbauwerk, über das die Strecke Belgrad–Bar führt, konnte 1973 fertiggestellt werden.

Das Mala-Rijeka-Viadukt ist mit 198 Metern die höchste Eisenbahnbrücke Europas. Die Balkenbrücke mit ihrem statischen System ist in ihrem Grundriss gekrümmt und geht auf beiden Seiten in jeweils einen Tunnel über. Bild: Herbert Graf

So eindrucksvoll Bauwerke dieser Art sind, wer nach der Überquerung des Mala-Rijeka-Viadukts wieder festen Boden unter den Füssen hat, atmet doch ein wenig auf. Bild: Herbert Graf

Noch vor dem Zweiten Weltkrieg waren in Montenegro nur verschiedene lokale Schmalspurbahnen anzutreffen. 1966 wurde jedoch von der damaligen jugoslawischen Regierung ein Projekt ins Leben gerufen: Eine Bahnstrecke sollte Belgrad mit dem Ferienort Bar an der Adria verbinden. Bis Ende der 1950er-Jahre dauerte der Bau dieser normalspurigen Strecke. Doch die Serie von Kriegen auf dem ehemaligen Gebiet Jugoslawiens in den Jahren 1991 bis 2001 führte nicht nur zu schweren Beschädigungen, sondern auch zur Zerklüftung der Strecke. Damit befinden sich auf serbischem Gebiet 301 Kilometer, in Montenegro 175 Kilometer der Strecke. Noch immer zählt sie zu den spektakulärsten Eisenbahnstrecken in Europa. Auf ihrer 476 Kilometer langen Strecke überwindet sie über 1.000 Höhenmeter, passiert 254 Tunnel und überquert 435 Brücken. Als besonders attraktiv gilt der Abschnitt in Montenegro, mit dem die Hauptstadt Podgorica mit Kolašin verbunden wird.

Wussten Sie schon?

Hohe Bauwerke ziehen nicht nur Bewunderer von Ingenieurleistungen an, auch Adrenalinjunkies haben ihre Freude an solchen Konstruktionen. So stieg ein junger Mann auf einen der oberen Träger, um die Brücke mit seinem Rennrad zu überqueren. Doch der Träger mit nur 40 Zentimetern Breite war ihm zum Fahren neben dem Abgrund zu schmal. Er schob sich daher mit den Beinen über die Brücke – und kam unversehrt auf der anderen Seite an.

Das rote Wahrzeichen …

… für den Eisenbahnbau in Schottland

47

Sie ist mit ihrer gewaltigen Erscheinung weithin zu sehen und natürlich längst zu einem Wahrzeichen für den Eisenbahnbau in Schottland geworden. Mit einer Gesamtlänge von 2.523 Metern überspannt sie den Firth of Forth. Die Forth Bridge konnte nach etwa acht Jahren Bauzeit 1890 fertiggestellt und dem Eisenbahnverkehr übergeben werden.

Den Rekord als Auslegerbrücke mit der weltweit größten Spannweite hielt sie bis 1919. Bis zur Fertigstellung der Forth Bridge war die Verwendung von Schmiedeeisen im Brückenbau das Maß aller Dinge. Erst mit der Errichtung der Forth Bridge wurde Stahl als das zukunftsweisende Material verwendet. Und davon wurde eine Menge benötigt! Rund 54.000 Tonnen Stahl wurden für dieses Bauwerk verarbeitet. Da es geschweißte Brücken erst ab 1929 geben sollte, ist dieses Bauwerk, wie zu dieser Zeit üblich, genietet. Ganze sechseinhalb Millionen Vollniete mussten hier im rotglühenden Zustand in die für sie vorgesehenen Nietbohrungen geschoben, mit einem Niethalter fixiert und auf ihrer Gegenseite mit Nietdöpper zu einem Rundkopf geformt werden. Der Vorgang für ein Niet nimmt dabei etwa eine knappe Minute in Anspruch. Da bei einem solchen Bauwerk der Nietheizer nicht immer seinen Platz direkt neben der Nietbohrung einnehmen konnte, warf er die glühenden Niete den jeweiligen Arbeitern einfach zu. Besonders erfahrene Arbeiter fingen die für sie bestimmten, rotglühenden Niete sogar mit ihren dicken Handschuhen auf. Das mächtige Fundament der Brücke wurde aus Granit von einem Steinbruch bei Aberdeen errichtet. Bis zu fünfeinhalb Meter ragen jeweils vier Sockel über das Hochwasser. Auf ihnen wurden drei Pfeiler errichtet.

Bis zu 5.000 Menschen waren am Bau der Brücke beschäftigt. Wie auch andernorts, kamen hierbei zahlreiche Personen zu Tode. Ihre Zahl schwankt mit den jeweiligen Übermittlungen, wird aber »in einer für diese Zeit und derartige Projekte durchaus akzeptable Größenordnung« eingestuft. Seit 2015 ist die Forth Bridge Bestandteil der UNESCO-Welterbeliste. Etwa 200 Züge fahren jeden Tag über sie. Im Jahr 2002 wurde mit der Sanierung der Brücke begonnen und in den folgenden 10 Jahren Lack in drei Schichten neu aufgetragen. Auch hier unterscheiden sich die Angaben zur Menge. Etwa 240.000 Liter leuchtendes Rot sollen es aber gewesen sein. Viele stellen sich hierbei schon heute die Frage, wann sie erneut gestrichen werden muss.

Die Forth Bridge von North Queensferry aus betrachtet. Bei Nacht offenbart die »eiserne Lady« ihren ganz besonderen und unverwechselbaren Charme. Bilder: Stephan Goldmann/MyHighlands.de

Jeder Pfeiler ist auf gemauerte Sockel, die rund 27 Meter in die Tiefe reichen, gestützt. Die Pfeiler selbst ragen über einhundert Meter in die Höhe. Selbst bei Hochwasser beträgt die lichte Höhe der Brücke 46 Meter.

The Royal Scotsman

48

Roter Teppich und Dudelsackpfeifer

Wird für Bahnreisende sogar heute noch der rote Teppich ausgelegt, muss es sich um eine ganz besondere Bahn handeln. Mancherorts wird dann sogar von Schienenkreuzfahrten gesprochen. Dazu zählen neben dem Venice-Simplon-Orient-Express mit seinen Zielbahnhöfen in London, Paris, Venedig, Wien, Budapest, Prag und Istanbul natürlich auch der Schweizer Glacier Express, der Golden Eagle Arctic Explorer in den mystischen Weiten des Polarkreises und der Superluxuszug Shiki-Shima in Japan. In dieser Aufzählung darf der Royal Scotsman jedoch nicht vergessen werden. Er verkehrt von April bis Oktober und bringt erlauchte Gäste vom Bahnhof Edinburgh ins Schottische Hochland.

Der Nostalgiezug beherbergt auf seinen drei- bis siebentägigen Fahrten bis zu 36 Personen. Sie können auf eine entspannte Weise in eine verschwunden geglaubte Eisenbahnwelt eintauchen. Feinste Speisen und ein entsprechendes Abendprogramm sorgen für eine gute Unterhaltung. Eine beeindruckende Auswahl an Single Malt Whiskey dürfte ihren Teil dazu beitragen. Das ist hier jedoch womöglich nicht folgenlos, da alle Getränke

GBRf 66739 steht mit dem Royal Scotsman in Glasgow Central. Bilder: Julian Ryf

GBRf 66746 verlässt mit den bordeauxroten Wagen des Royal Scotsman den Bahnhof Edinburgh Waverley in Richtung Spean Bridge. Sein Weg führt ihn unter anderem vorbei am 1.345 Meter hohen Ben Nevis und über das Glenfinnan-Viadukt.

an Bord »all inclusive« sind. Für eine gute Nachtruhe ist aber schließlich gesorgt, wenn der Royal Scotsman abends auf Sondergleisen oder den Bahnhöfen hält. Bei seinem rollenden Material handelt es sich hauptsächlich um modernisierte Wagen aus den 1950er-Jahren. Anfangs standen sogar noch Wagen aus der Vorkriegszeit im Dienst, doch sie wurden zwischenzeitlich durch neuere Fahrzeuge ersetzt. Die Great Scottish & Western Railway Company nahm den Zug 1985 in Betrieb. Heute wird der Royal Scotsman, der in keinem Fall mit dem Flying Scotsman verwechselt werden darf, von der Belmond Ltd. betrieben. Das Hotel- und Freizeitunternehmen gehört seit 2018 zum Luxuskonzern LVMH.

Bibliothek an Bord

Beim Aristokraten unter den Zügen wurde ein besonderes Augenmerk auf höchsten Komfort gelegt. Die geräumigen State Cabins, die mit wertvollen Hölzern und Intarsienarbeiten versehen und mit feinem Damast und weichen Teppichen bedeckt sind, verfügen über ein eigenes Badezimmer mit Dusche, Waschbecken und Toilette. Stockbetten sucht man hier vergebens. Die beiden Speisewagen »Raven« und »Victory« sind Bestandteil der Zuggarnitur. Hinzu kommt das historische »Observation Car« mit Bar und offener Veranda. Auch eine Bibliothek mit englischen Büchern befindet sich an Bord. Was als Empfangsritual mit rotem Teppich und Dudelsackpfeifer begann, geht mit strenger Kleiderordnung für die Fahrgäste exklusiv weiter. Der Zug wird von einem Reisebus für die täglichen Ausflüge begleitet.

Rettung vom Schrottplatz

49

Älteste privat aufbewahrte Lok ihrer Klasse

Ganze 58 Jahre durchgängig im Dienst zu stehen, ist auch für eine Dampflok eine lange Zeit. Die Rede ist von der Klasse GWR 2800, im Speziellen die Nummer 2807. Sie wurde im Jahr 1905 ausgeliefert und befand sich bis 1963 im aktiven Dienst. Dann kam sie nicht nur auf das Abstellgleis, sondern gleich auf einen Schrottplatz in Barry, Vale of Glamorgan, Südwales.

Die erste 2-8-0-Lokomotive Großbritanniens basiert auf den Entwürfen von George Jackson Churchward und war vor allem für schwere Güterzüge vorgesehen. Nach ihrer Inbetriebnahme im Jahr 1905 verrichtete sie für unterschiedliche Depots ihren Dienst, bis sie ab 1911 zunächst in Aberdare und schließlich in Pontypool Road in Südwales für den Transport von Kohle eingesetzt wurde. In den Jahren des Ersten Weltkrieges blieb ihr Kessel fast ununterbrochen heiß. Sie transportierte Kraftwerkskohle für die Grand Fleet bei Scappa Flow. Nach 1918 kam Nummer 2807 in ein Depot in Bristol. Genaue Aufzeichnungen nach Mitte der 1920er-Jahre gibt es nicht. Doch ab dem Zweiten Weltkrieg existieren Nachweise darüber, in welchen Depots sie beheimatet war. Zunächst verrichtete sie ihre Arbeit in Hereford, Worcester, Chester, Pontypool Road in Ebbw Junction, Newton Abbott und zuletzt ab 1960 noch in Severn Tunnel Junction.

1.472.687 Meilen in beinahe 58 Jahren

17 Jahre auf dem Schrottplatz setzen einer Lokomotive zu. Schubstangen und Kolben waren längst abgebaut, die Korrosion griff um sich. Dann wurde Lok Nummer 2807 im Juni 1981 von ihren derzeitigen Besitzern, Cotswold Steam Preservation Limited (C.S.P.), übernommen, an den Bahnhof Toddington der Gloucester Warwickshire Railway verlegt und aufgearbeitet. Die Cotswold Steam Preservation Limited, eine im gleichen Jahr gegründete private Gesellschaft in Brockworth, rettete die Lokomotive und versetzte sie bis 2010 in einen betriebsfähigen Zustand. Im Jahr 2016 sollte jedoch ihr vorübergehendes Ende eintreten. Ein Kesselrohr war gebrochen. Um sie betriebsfähig zu halten, wurde es vorübergehend beidseitig abgedichtet. Auch wenn in der Folge ein neues Kesselrohr eingesetzt wurde, so bestand doch die latente Gefahr, dass weitere Probleme folgen würden. Da für das Jahr 2019 ohnehin eine neue Kesselprüfung anstand, wurde Nummer 2807 am 1. Januar 2020 aus dem Dienst genommen. Im-

merhin hatte sie seit ihrer erneuten Inbetriebnahme im Jahr 2010 etwas über 42.000 Meilen zurückgelegt. In den Jahren vor ihrer erneuten Inbetriebnahme wurden nur notwendigste Arbeiten ausgeführt, allen voran am Kessel, der dringend überholt werden musste. Neben der Rauchkammer-Rohrplatte wurde auch der vordere Kesselrohrabschnitt ersetzt, es wurden neue Kesselrohre eingesetzt und Teile der Rauchkammer erneuert. Nun aber standen weitreichendere Arbeiten an. Entgegen den schlimmsten Vermutungen befand sich der Kessel der 19.260 Millimeter langen und fast 77 Tonnen schweren Lokomotive in einem vertretbaren Zustand. Damit stand der vollständigen Instandsetzung zu einer erneuten Betriebsfähigkeit nichts mehr im Wege. Schließlich ist die GWR Nummer 2807 die älteste Überlebende der Klasse 2800, die älteste noch existierende der Standardlokomotiven von George Jackson Churchward und die älteste der für die Great Western Railway gebauten Lokomotiven, die sich heute im Privatbesitz befindet. Von den 84 produzierten Maschinen aus den Jahren 1905 bis 1919 sind nur noch sechs erhalten geblieben. Die von Churchward gebauten Lokomotiven der Klasse 2800 galten in ihrer Zeit als die wichtigsten Langstreckenlokomotiven der GWR.

In neuem Glanz erstrahlt die GWR-Lokomotive No. 2807 dank ihrer Aufarbeitung. Und sie ist zudem wieder betriebsfähig! Bild: Tony Hisgett/tm, CC BY 2.0

Made in Manchester

Großbritanniens Älteste

50

Mitte der 1860er-Jahre führte das schnelle Wachstum des Verkehrs auf den Eisenbahnlinien Englands dazu, dass immer leistungsfähigere Lokomotiven eingesetzt werden mussten. Um ihre Kraft mittels Adhäsion auf die Schienen zu bringen, wurden die zweiachsigen Lokomotiven bald gegen dreiachsige ausgetauscht und ihre Vorgänger verschrottet. Doch ein paar haben überlebt.

Die von Sharp, Stewart & Co. in Manchester produzierte Lokomotive Nr. 20 ist eine von acht 0-4-0-Tenderlokomotiven, die zwischen 1863 und 1866 ausgeliefert wurden. Die Bestellung der Furness Railway Company für diese Tenderlokomotiven ist auf den 23. Dezember 1862 datiert. Ursprünglich waren nur vier Maschinen bestellt worden, von denen die letzte mit der Werknummer 1448 als Furness Railway No. 20 zum Einsatz kam. Bereits 1870 wurden diese ersten vier Lokomotiven der Nummern 17, 18, 19 und 20 an die Barrow Haematite Steel Co. (BHS) in Barrow verkauft. Zwei weitere sollten 1873 folgen. Dieses Stahlwerk produzierte im Wesent-

Die Furness Railway Lokomotive No. 20 von Sharp, Stewart & Co. ist Großbritanniens älteste normalspurige noch betriebsfähige Dampflokomotive und sie ist längst zum Flaggschiff des Furness Railway Trust geworden. Bild: geograph_4715563, CC 2.0

lichen Schienen und belieferte damit weltweit Eisenbahngesellschaften. Die BHS teilte der Nummer 20 von Sharp, Stewart & Co. die Nummer 7 zu. Sie erhielt im Jahr 1915 einen neuen Kessel und blieb bis in die 1950er-Jahre betriebsbereit. Sie ist auch die einzige der von 1863 bis 1866 ausgelieferten Loks, deren Raddurchmesser von 4 Fuß 9 Zoll nicht verändert wurde. Als 1960 erste Diesellokomotiven zum Einsatz kamen, war ihr Dienst zu Ende. Doch anstatt verschrottet zu werden, wurde die frühere Nummer 20 an eine örtliche Schule übergeben. Nr. 20 sollte über zwanzig Jahre auf dem Gelände der George Hastwell Special School in der Abbey Road in Barrow stehen, bis sie schließlich 1960 als Rostlaube entdeckt wurde. 1983 von privater Hand erworben, kam sie in das Steamtown Railway Museum nach Carnforth in Lancashire.

Von der Rostlaube zur historischen Schönheit

Eine Restaurierung einer Lokomotive in diesem Zustand kostet viel Geld. Dennoch wurde damit begonnen. Als der Besitzer starb, kamen die Arbeiten zunächst zum Erliegen. Das alte Dampfross war zwischenzeitlich in seine Einzelteile zerlegt, doch nicht konserviert worden. 1990 schließlich erwarb der Furness Railway Trust ihre Überreste, um sie für die Zukunft zu sichern. Der FRT hat es sich zur Aufgabe gemacht, Eisenbahnen zu erhalten, die sich einst im Besitz der Furness Railway befanden. Dann schließlich, 150 Jahre nachdem der erste Personenzug der Furness Railway fuhr, trafen die erforderlichen Zuschüsse ein. Allein der 1994 gegründete Heritage Lottery Fund hatte einen Zuschuss für die Wiederherstellung der Lokomotive Nr. 20 in Höhe von knapp 100.000 Pfund gewährt. Hinzu kamen Zuschüsse von weiteren Organisationen. Die Lokomotive sollte nun ihren ursprünglichen Zustand zurückerhalten. 1996 trat Nummer 20 ihre Reise zu den Werkstätten nach Barrow-in-Furness, Cumbria, im Nordwesten Englands an. Hier ist die 1871 gegründete Barrow Shipbuilding Company, die heutige BAE Systems Maritime-Submarines, beheimatet. Für die Restaurierung wurden originale Konstruktionszeichnungen sowie Originalbilder vom Science Museum hinzugezogen. Die Beschädigungen der Lokomotive erforderten den Bau eines neuen Kessels und des Tenderchassis sowie dessen Aufbau. Da der Tender geschweißt ist,

Wussten Sie schon?

Auch die Lokomotive Nummer 17 hat die Zeit überdauert und befindet sich ebenfalls in der Sammlung des Furness Railway Trust.

er aber sein historisches Aussehen wiedererhalten sollte, wurden an den entsprechenden Stellen Blindniete angeschweißt. Er fasst gut zwei Tonnen Kohle und 1.200 Gallonen Wasser. Der Zusammenbau der F.R. Nr. 20 wurde von einigen Freiwilligen und den Auftragnehmern des Furness Railway Trust unterstützt. Nach ihrer erfolgreichen Kesselprüfung im Jahr 1999 trat sie in der originalen Furness Railway Indian Red-Lackierung ihre erste Fahrt an.

Die offizielle Inbetriebnahme fand am 20. April 1999 statt. Es regnete und der von den Briten hierfür verwendete Ausdruck »It's raining cats and dogs!« ist sicher der trefflichste. Ungeachtet des Wetters nahm Lady Grania Cavendish an der Zeremonie an der Haverthwaite-Station teil. Seither ist die Furness Railway No. 20 als die älteste, betriebsfähige Normalspurlok Großbritanniens beinahe regelmäßig vor Zügen auf historischen Strecken unterwegs. Und sie hat sich längst in viele Herzen in ihrer Heimat Furness und darüber hinaus gefahren. Leider existieren an den Strecken keine Bahnhöfe. In jenen Tagen transportierte sie ausschließlich Kohlen und keine Passagiere.

Furness Railway 0-4-0 No. 20 aus dem Jahr 1863 im Eisenbahnmuseum Shildon. Bild: Von Gillett, CC 2.0

Vorne oder Hinten?

51

Wenn man sich nicht entscheiden kann

Die Entstehung der sogenannten Doppellokomotiven reicht beinahe bis in die Mitte des 19. Jahrhunderts zurück. Das Mutterland der Eisenbahn ist ihre Heimat. Eine noch heute fahrfähige Lokomotive des Typs Double Fairlie ist die Merddin Emrys, die von der Ffestiniog Railway Company in ihren eigenen Werkstätten in der Boston Lodge gebaut wurde.

Die Merddin Emrys entstand im Jahr 1879 nach einem Entwurf von George Percival Spooner. Sie verbrachte ihr gesamtes Arbeitsleben bei der Ffestiniog Railway und war die einzig verfügbare Doppellokomotive, als die Eisenbahn schließlich 1946 geschlossen wurde. Sie musste zahlreiche Umbauten über sich ergehen lassen und wurde 1973 auf Ölfeuerung umgestellt. Die vielen Umbauten veränderten ihr Aussehen zunehmend. 1988 wurde im Rahmen eines erneuten Umbaus beschlossen, ihr das traditionelle ursprüngliche Aussehen zurückzugeben. Zudem erfolgte auch wieder die Umstellung auf Kohlebefeuerung. Das Dach der Doppellok lässt noch heute erkennen, dass es einst in der Mitte nach oben offen war.

Double Fairlie »Merddin Emrys« steuert einen Zug von Blaenau Ffestiniog nach Portmadoc in den Bahnhof Tanygrisiau. Die 24 Tonnen schwere Lok mit der Achsfolge 0-4-0+0-4-0T und ihrer Lackierung in Indian Red erhielt ihren Namen nach dem legendären walisischen Zauberer Merlin. Bild: Alan Wilson

Welsh Highland Railway

Von Porthmadog nach Caernarfon

52

Auf einer Spurweite von nur 597 Millimetern ist die Welsh Highland Railway (WHR) im County Gwynedd in Großbritannien unterwegs. Eigentlich fuhren auf den Strecken bereits ab 1923 die ersten Schmalspurbahnen, doch im Jahr 1937 wurde der Betrieb eingestellt. Die Bahn steckte in wirtschaftlichen Schwierigkeiten. Auch die Ffestiniog Railway, welche die WHR pachtete, scheiterte und der Betrieb wurde beendet. Lange ruhte das Geschehen um diese Bahn, doch 1994 tat sich etwas. Dank einiger Fördermittel konnte die Strecke wieder aufgebaut und in Betrieb genommen werden.

Heute erfreut sich die reizvolle Strecke zwischen Porthmadog über Beddgelert, Rhyd-ddu und Dinas in das Hafenstädtchen Caernafon großer Beliebtheit. Die Berge des Snowdonia Nationalparks bilden hier die Hauptattraktion. Eine weitere Besonderheit bilden die Gelenk-Dampflokomotiven der Bauart Garratt. Sie stammen von der South African Railways, die Lokomotive K1 von der Tasmanian Government Railways. Im Bestand befindet sich zudem die letzte noch existierende Originallokomotive der alten WHR, die 1'C1'-Tenderlok »Russell«.

Züge aus Richtung Caernarfon müssen in Porthmadog am Bahnhof vorbei auf den Damm fahren, um dann an den einzigen Bahnsteig zurückzudrücken. Bild: Herbert Graf

53

Alle reden von Feinstaub

– wir erzeugen Grobstaub!

Im Mutterland der Eisenbahn scheinen sich weitaus weniger Menschen am Qualm historischer Dampflokomotiven zu stören. Was kann es schließlich für einen echten Eisenbahnliebhaber Schöneres geben, als eine kohlebefeuerte Dampflokomotive? Doch leider geraten immer mehr dieser Dampfrösser in Verruf. Natürlich zählt diese Antriebsart zu den klimaschädlichsten Formen der fossilen Verbrennung. Zudem verbraucht die Technik mit ihrem geringen Wirkungsgrad im Verhältnis zu anderen Antriebssystemen ein Vielfaches an Energie.

Doch für den Qualm kann »Entwarnung« gegeben werden, denn der erzeugte Grobstaub ist nicht lungengängig! Die meisten Ruß- und Aschepartikel sind so groß, dass sie gar nicht unter die Definition Feinstaub fallen. Auch wenn sich viele am Qualm historischer Dampfbahnen stören und die mancherorts als Dreckschleudern bezeichneten Lokomotiven gerne verbieten würden, sind erfreulicherweise einige Gerichte dazu übergegangen, ein Miteinander von Alteingesessenen und Hinzugezogenen zu schaffen und weisen Klagen dieser Art ab.

Die als »Green Arrow« bekannte Dampflokomotive der Klasse V2 wurde von der LNER Doncaster und Darlington Works 1936 produziert. Vielfach war sie für Sonderzüge, wie hier als Yorkshire Coast Express, im Einsatz. Am Qualm störte sich jedoch niemand. Bild: Richard Anthony

Eine zauberhafte Bahnreise

54

Auf den Spuren von Harry Potter

Die West Highland Line in Glenfinnan, Schottland, ist gemeinhin durch einen Teilabschnitt bekannt, der unter anderem in Harry-Potter-Filmen eine Rolle spielt. Hier sticht natürlich ganz besonders das bekannte Glenfinnan-Viadukt mit seinen über 30 Meter hohen Bögen heraus. 21 Pfeiler waren nötig, um die Gesamtlänge von 380 Metern zu überwinden. Aber auch Filme wie etwa »Monarch of the Glen« oder »Charlie & Louise – Das doppelte Lottchen« oder »Die Liebe der Charlotte Gray« machten das ohnehin attraktive Bauwerk nur noch bekannter. Natürlich ließ man es sich nicht nehmen, in die Filmszenen den »Hogwarts-Express« hineinfahren zu lassen. Glücklicherweise verkehrt er als »Jacobite Steam Train« auch heute noch auf dieser Linie.

Einst diente diese Strecke vor allem der örtlichen Industrie. Sie wurde daher hauptsächlich von Güterzügen befahren. Doch diese Zeiten sind längst vorüber. Im Wesentlichen sind hier heute Dieseltriebwagen der Class 156 der National Rail anzutreffen. Diese »Super Sprinter« wurden bis 1989 in den Washwood Heath Works in Birmingham produziert. Doch auf die-

Die Lokomotive 45407, gebaut im Jahr 1937 als LMS Stanier Klasse 5 4-6-0, überquert auf der Banavie Swing Bridge den Caledonian Canal. Der Star der Schiene hatte auch einen Auftritt im Film »Mord im Pfarrhaus«. Bilder: Julian Ryf

ser geschichtsträchtigen Strecke ist auch ein ganz besonderer Zug anzutreffen: »The Jacobite«.

Eine Strecke der Superlative

Etwa zwei Stunden dauert die einfache Fahrt auf der etwa 135 Kilometer langen Strecke, die zahlreiche Superlative bietet. Die Reise beginnt nahe des höchsten Berges Großbritanniens, dem Ben Nevis. In Arisaig befindet sich der westlichste Bahnhof Großbritanniens auf dem Festland, Loch Morar ist der tiefste Süßwassersee Großbritanniens. Der Morar mit seiner Länge von knapp einem Kilometer ist einer der kürzesten Flüsse Großbritanniens. Loch Nevis, der tiefste Meerwasserfjord Europas ist ebenfalls eine Attraktion dieser Strecke. Wenn es die Zeit erlaubt, wird die Fahrt für einen Fotostopp auf dem Glenfinnan-Viadukt unterbrochen. Die West Coast Railway, ein Eisenbahn-Spot-Miet- und Charterzugunternehmen, betreibt auf verschiedenen Strecken Großbritanniens dampfbetriebene Museumszüge. Seit der Privatisierung im Jahr 1995 ist sie Betreiber der Linie und gab dem Zug schließlich seinen heutigen Namen. Aufgrund der großen Beliebtheit des Jacobite sah sich das Unternehmen dazu veranlasst, an Werktagen zusätzlich ein zweites Zugpaar einzusetzen. Er beginnt seine Reise an den Nachmittagen in Fort William in den westlichen schottischen Highlands.

In Glenfinnan kreuzen sich in der Hochsaison jeweils die Morgen- und Nachmittagszüge des »Jacobite Steam Train«. Kurz nachdem der Nachmittagszug den Glenfinnan Viaduct in Richtung Mallaig passiert hat, kommt der Morgenzug in Richtung Fort William angedampft.

Mord im Orient-Express?

Der berühmteste Zug der Welt

55

Georges Nagelmackers, Sohn einer großbürgerlichen und vermögenden belgischen Familie, verbrachte einige Zeit in den Vereinigten Staaten. Das war zu einer Zeit, in der die Schienennetze der West- mit der Ostküste zu einem transkontinentalen Streckennetz zusammenwuchsen. Damit verkürzte sich die Reisezeit von Küste zu Küste von sechs Monaten auf eine Woche. Nagelmackers war vor allem von der neuen Art des Reisens fasziniert, die George Pullman mit seinen luxuriösen Wagen geschaffen hatte. Pullmans Wagen ließen zudem eine Fahrt in der Nacht zu: die Fahrgäste konnten in ihnen schlafen. Am 4. Dezember 1876 schließlich gründete Nagelmackers die Compagnie Internationale des Wagons-Lits (CIWL). König Leopold II. unterstützte sein Vorhaben, was dazu führte, dass Georges Nagelmackers das Belgische Wappen in das Firmenlogo seiner Schlafwagengesellschaft aufnahm. Der Initiator des Orient-Express lud für die Jungfernfahrt in seinem Luxus-Übernachtzug 40 sorgfältig ausgewählte Gäste ein. Mit ihnen machte sich im Jahr 1883 ein aus einem Speise- und vier Schlafwagen

Eine feinste Ausstattung zeichnete die Fahrzeuge des Orient-Express aus. Eine solche Exklusivität muss man heute lange suchen. Bild: picture alliance ANSA GIUSEPPE LAMI

Wussten Sie schon?

Aus den Zeiten des Orient-Express ist glücklicherweise noch ein Magazin mit altem Porzellan, Gläsern, als auch Schrauben und Muttern in allen Größen erhalten geblieben. Es darf davon ausgegangen werden, dass sie seinerzeit für den Orient-Express verwendet wurden. Auch die bulgarischen Wagen mit ihren Holzbänken und den türkischen Toiletten haben die Zeit überstanden. Sie stehen im Nationalmuseum für Transport und Kommunikation in Rousse. Das wohl wesentlichste Fragment des Zuges, ein originaler Teakholzwagen aus dem Jahr 1912, existiert ebenfalls noch. Er wurde vollständig restauriert und ist in einem ausgezeichneten, fahrtüchtigen Zustand. Heute kann er im ungarischen Eisenbahnmuseum Bahnhistorischer Park Budapest betrachtet werden.

bestehender Luxuszug in Paris auf den Weg nach Konstantinopel, dem heutigen Istanbul. Diese Fahrt galt als ausgesprochen revolutionär, denn solche Fernreisen mit der Eisenbahn gab es bis dahin nicht. Was diese Zugverbindung außerdem so besonders machte, war seine internationale Anbindung. Bisher fuhren Züge nur bis zu einer Grenze. Nun aber fuhr der Orient-Express einfach über die Grenzen und niemand musste an den Grenzbahnhöfen mehr umsteigen. Der Zug verband Länder, Gebiete und Reiche, die

Am Bahnhof Sirkeci im europäischen Teil Istanbuls war die lange Reise für den Orient-Express zu Ende. Dieser einstige Zielbahnhof ist noch in Betrieb. Bild: Sébah & Joaillier

zuvor nichts miteinander zu tun hatten. Das betraf aber auch die Technik. Unterschiedliche Spurweiten galt es zu überwinden. Damit wurde der Zug zu einer politischen und technischen Revolution. Doch eine so lange Reise strapazierte neben den Fahrgästen auch das Material. Materialermüdungen sollten immer wieder zu unerwünschten Stopps führen. Nagelmackers baute daher ein Netz von Werkstätten auf, mit denen eine regelmäßige Inspektion der Züge sichergestellt werden konnte. Im Bedarfsfall konnten auf diese Weise auch Ersatzfahrzeuge bereitgestellt werden. Auf der über achtzig Stunden langen Fahrt zwischen Paris und Konstantinopel wechselte der Zug etliche Male die Lokomotive. Sie wurden von den Eisenbahnbetreibern der Länder geliehen. Die Ausstattung der Wagen war durch einen überreichlichen Luxus geprägt.

Die Jungfernfahrt

Doch was so luxuriös begann, fand sein jähes Ende an der Donau, denn hier endeten die Wagen der CIWL. Nach deren Überquerung mit einem Dampfer standen den Fahrgästen nun einfache bulgarische Wagen zur Verfügung und damit nur noch Holzbänke und türkische Toiletten. Unmut machte sich breit. Ihre lange Reise ging aber weiter, durch einsame Gegenden bis nach Varna, der bulgarischen Hafenstadt am schwarzen

Vor allem durch politische Gegebenheiten sollten sich die Streckenführungen und die Ausweitung der Routen für den Orient-Express oftmals ändern. Bild: Creative Commons Lizenz 3.0, Pechristener

Meer. Hier fand die Bahnfahrt ihr endgültiges Ende. Erneut mussten die Reisenden umsteigen. Nun wurden sie in einem Fährschiff weitertransportiert. Den Schiffsreisenden wider Willen blieb aber ein Trost: Für sie waren die besten Kabinen reserviert. Große Freude stellte sich ein, als die Passagiere nach einer rund vierzehnstündigen Schifffahrt Konstantinopel erreichten. Im Jahrhundert der Romantik, jener Zeit, die zahlreiche Maler inspirierte, konnten die Reisenden nun endlich die Sehenswürdigkeiten des Vorderen Orients mit allen Sinnen erleben. Nach der Rückkehr in Paris wurde die Jungfernfahrt stürmisch gefeiert. Die erfolgreiche Zugreise wurde schnell zu einem weltumspannenden Thema. Fortan war der Orient-Express regelmäßig ausgebucht. Damit stand auch der Beschaffung von frischem Kapital für neue Waggons nichts mehr im Wege.

Eine neue Ära war angebrochen. Doch es sollten noch weitere sechs Jahre vergehen, bis der Orient-Express zu einer regulären Linie geworden war, die dreimal in der Woche bedient wurde. Um den vorherrschenden Zuständen in Konstantinopel mit seinen schlechten Hotels zu begegnen, baute die CIWL ein Hotel, das Péra Palace. Mit fließendem warmen und kalten Wasser und vielen weiteren Bequemlichkeiten wurde es sogleich zum ersten Haus am Platz. Auch die Züge wurden modernisiert. Zur Verbesserung der Laufruhe setzte Nagelmackers an seinen Wagen Drehgestelle ein, wie er sie in den Staaten gesehen hatte. Eine durchgehende Streckenführung über Budapest, Belgrad und Sofia bis Konstantinopel wurde im Jahr 1889 eingeweiht. Nun dauerte die Fahrt nur noch etwas mehr als 67 Stunden und damit vierzehn Stunden weniger als die Jungfernfahrt. Später wurden sogar Verbindungen zur Transsibirischen Eisenbahn bis nach Peking geplant. Doch dafür ließen sich keine Investoren finden. Der Stand der Gesellschaft geriet ins Wanken. Nagelmackers kämpfte zudem mit gesundheitlichen Problemen. Gläubiger streckten bereits ihre Finger nach der CIWL aus. Der Rücktritt blieb für Georges Nagelmackers unausweichlich. Kurz darauf starb er im Alter von nur 60 Jahren. Sein Zug aber fuhr weiter. Mit ihm die entsprechende Klientel. Manche von ihnen auch mal nur für ein Abendessen.

Die Kriege haben auch hier Konsequenzen

Im Ersten Weltkrieg zerschnitten die Fronten den Zuglauf und der Betrieb des Orient-Express musste größtenteils eingestellt werden. Nach 1918 endete seine Strecke in Bukarest. Bis Istanbul fuhr nun der Simplon-Orient-Express. Ab 1920 wurde der Orient-Express wieder für zivile Reisende freigegeben. Doch mit Beginn des Zweiten Weltkrieges verkehrte er abermals nicht mehr durchgehend. Nach dem Weltkrieg fuhren der Arlberg-Orient-Express, der Simplon-Orient-Express und der Orient-Express wieder. Jedoch war die Zeit der reinen Luxuszüge nun spürbar vorüber. Sie führten bald auch Wagen der zweiten Klasse mit und waren bei den Bahngesellschaften als Schnellzüge eingestuft. Ihre Rückkehr auf die früheren Routen war nur schwer möglich, zu sehr war die Infrastruktur durch die Auswirkungen des Krieges in Mitleidenschaft gezogen. Zudem stand nicht genügend Kohle zur Verfügung. Als der Orient-Express ab 1950 auch noch Wagen der dritten Klasse mitführen musste, zeichnete sich eine düstere Zukunft ab. Der eiserne Vorhang mit seinen Devisenbestimmungen und aufwendigen Grenzkontrollen trug ein weiteres dazu bei, um zahlreiche Fahrgäste zu verlieren. Die Züge, die Teil eines ganzen Systems an Luxuszügen waren, wurden abgeschafft.

Die Schnellzüge behielten in ihrem Namen noch die Bezeichnung »Orient«, doch sie konnten ihren einstigen Charme nicht mehr erreichen. Im Jahr 1977 fuhr der letzte durchgehende Zug zwischen Paris und Istanbul. Noch immer aber waren Züge mit dem ruhmreichen Namen Orient-Express unterwegs. Doch nach 2002 lag der Endbahnhof in Wien. Ein paar Jahre darauf sollte seine Reise nicht mehr in Paris, sondern in Straßburg beginnen. Sein endgültiges Ende kam im Jahr 2009. Neben seinen Regelfahrten wurden von unterschiedlichen Anbietern auch noch Sonderfahrten angeboten. Zu den legendären Routen trat der Luxuszug mit seiner bewegten Geschichte aber auch Reisen in ganz andere Regionen an. Quer durch Europa, konnte man ihn bis hin zur Transsibirischen Eisenbahn oder sogar in Hongkong antreffen. Seine Attraktivität und seine Geschichte brachten ihm Ruhm und Ehre ein. Heute gilt er als Legende, die nie sterben wird. Dazu tragen sicher auch zahlreiche Geschichten in der Literatur bei. In der sicher bekanntesten ist der Orient-Express Schauplatz in Agatha Christies Kriminalroman »Mord im Orient-Express«. Er spielte jedoch im Simplon-Orient-Express. In Wirklichkeit soll in all den Jahren in keinem der Züge je ein Mord stattgefunden haben. Ganz ungefährlich waren diese Fahrten aber nie! Es wurde daher empfohlen, eine Waffe bei sich zu führen. Und es gab Vorfälle, in denen die Sicherheit tatsächlich gefährdet war. So wurde im osmanischen Reich einmal der Zug angehalten, die Passagiere wurden gefangen genommen und es wurde eine hohe Lösegeldsumme gefordert. Sogar die Drohung, die Geiseln zu erschießen, sollte das Lösegeld nicht in der gewünschten Zeit eintreffen, stand im Raum. Glücklicherweise traf das Geld rechtzeitig ein und die Geiseln blieben verschont. Das Geld und die Räuber wurden jedoch nie gefunden. Für den Zug aber war das die perfekte Werbung: Die Fahrten waren erneut ausgebucht. Längst war der Orient-Express zum berühmtesten Zug der Welt geworden.

Der Orient-Express 1928 in voller Fahrt. Gezogen von der S 3/6 mit der Betriebsnummer 18 470 der Deutschen Reichsbahn. Bild: Carl Bellingrodt

Der Nostalgie-Orient-Express mit der 01 1066 als Zugpferd bei einer Sonderfahrt. Sie wurde im Jahr 1940 von der BMAG (vormals Schwartzkopff) an die Deutsche Reichsbahn ausgeliefert. Bild: Burkhard Wollny

Die Eisenbahnkathedrale

Ein Bahnhof mischt ganz vorne mit

56

Bahnhöfe können beeindrucken! Aufgrund der Schönheit ihrer Architektur, ihrer Größe, ihres Alters oder ihrer besonderen Lage. Ein Bahnhof scheint das alles in sich gepaart zu haben: der Hauptbahnhof von Antwerpen. Er gilt als einer der schönsten Bahnhöfe Europas – wenn nicht sogar der Welt. Er ist jedoch schon der zweite Bahnhof dieser Metropole.

Bereits 1836 wurde hier der Bahnhof Antwerpen-Oost errichtet. Um ihn von dem in der Nähe liegenden, gleichnamigen Güterbahnhof unterscheiden zu können, erhielt er den Zusatznamen Borgerhout. Mit der Unterbrechung der Verbindung zum Bahnhof Antwerpener Hafen und Bahnhof Antwerpen-Dam in Richtung Niederlande im Jahr 1873 wurde aus dem Durchgangsbahnhof ein Kopfbahnhof. 1879 wurde der Name in Antwerpen-Oost geändert. Den Namen Borgerhout erhielt nun ein neu errichteter Güterbahnhof am Rande Antwerpens. 1895 wurde mit dem Bau eines neuen, zentral in der Stadt gelegenen Bahnhofs begonnen. Die Eröffnung fand am 11. August 1905 statt. Der Bahnhof erhielt nun den

Die gewaltige Halle des Hauptbahnhofs in Antwerpen lässt keinen Zweifel daran, dass der Begriff Kathedrale durchaus angemessen ist. Bild: Jan van der Wolf

Namen Antwerpen-Centraal. Der Name Antwerpen-Oost wurde damit frei und konnte an einen Haltepunkt der Bahn-Umfahrung im Osten der Stadt vergeben werden. Im Wesentlichen besteht der Bahnhof aus einer 186 Meter langen und 66 Meter breiten stählernen, mit Glas bedeckten Halle. Aufgrund der einstigen Abgase von Dampflokomotiven misst die Höhe der Halle 43 Meter.

Nicht ganz ungefährlich

Hinzu kommen ein Viadukt und ein Empfangsgebäude, das von beiden Seiten jeweils von einem Turm flankiert ist. Bemerkenswert ist vor allem die überaus mächtige Kuppel, mit der das Empfangsgebäude in seinem eklektizistischen Stil bedeckt ist. Der Entwurf dazu entstammt der Feder des Ingenieurs Louis de la Censerie, der von dem Pantheon in Rom sowie dem Bahnhof in Luzern inspiriert worden sein soll. Aufgrund der 75 Meter hohen Kuppel wird der Hauptbahnhof von Antwerpen im Volksmund auch Eisenbahnkathedrale, also landessprachlich Spoorwegkathedraal, genannt. Zum Zeitpunkt der Eröffnung beherbergte der Bahnhof nur zehn Gleise. Daher stieß der Bahnhof um die Jahrtausendwende deutlich an seine Leistungsgrenzen. Dazu trug auch die unzureichende Länge

Der berühmte Hauptbahnhof Antwerpen mit seiner einzigartigen Architektur ist eines der Wahrzeichen Belgiens. Bild: FrimuFilms

der Bahnsteige bei sowie die Tatsache, dass der Hauptbahnhof von Antwerpen als Kopfbahnhof angelegt worden ist. Bereits in den 1950er-Jahren befand sich das Gebäude hinsichtlich seiner baulichen Substanz in einem doch bedenklichen Zustand. Der empfindliche kalkhaltige Vinalmontstein der Kuppel bereitete den Betreibern Sorgen: Er begann sich zu zersetzen. Sogar einen Verletzten gab es, als ein Fahrgast von einem herabfallenden Stein inmitten der Halle getroffen wurde. In den 1960er-Jahren zog man daher einen Abriss des Gebäudes in Betracht.

Da der historische Bahnhof zwischenzeitlich unter Denkmalschutz gestellt wurde, kam die Zerstörung des Gebäudes glücklicherweise nicht infrage. Um mit der steigenden Verkehrsnachfrage Schritt halten zu können, wurde der Hauptbahnhof von Antwerpen ab 1993 von der Nationalen Gesellschaft der Belgischen Staatsbahnen, niederländisch die Nationale Maatschappij der Belgische Spoorwegen (NMBS), oder französisch der Société Nationale des Chemins de fer Belges (SNCB) umfassend umgebaut und renoviert. Seither findet der Eisenbahnbetrieb auf drei Ebenen statt. 14 Bahnsteige stehen dem Bahnhof nun zur Verfügung. In der Mitte seiner historischen Halle besteht nunmehr eine Öffnung zu den Untergeschossen. Von den einstigen zehn Kopfgleisen im Obergeschoss blieben nur drei an den beiden Seiten erhalten. In der Ebene 1 befinden sich nun vier Kopfgleise, im zweiten Untergeschoss, der Ebene 2, befinden sich zudem vier Durchfahrtsgleise. Im Rahmen dieser Neugestaltung wurden Tunnel gebaut, in denen die Züge den Bahnhof ohne Richtungswechsel durchfahren

Diese 75 Meter hohe Kuppel brachte dem Hauptbahnhof von Antwerpen im Volksmund die Bezeichnung Eisenbahnkathedrale ein. Bild: Christian Mueller

können. Damit entfällt das Kopfmachen, von dem die internationalen Züge von Brüssel nach Amsterdam, aber auch die Hochgeschwindigkeitszüge auf den Schnellfahrstrecken besonders betroffen waren.

Der mit der Nord-Süd-Verbindung entstandene zweiröhrige Tunnel, der für eine maximale Geschwindigkeit von 90 Kilometern in der Stunde zugelassen ist, unterquert die Stadt als auch den Bahnhof seit dem Jahr 2007. Die Ebenen sind untereinander mit 48 Rolltreppen und 40 Aufzügen verbunden. Trotz der umfangreichen Umgestaltung ist es den Architekten gelungen, das historische Gebäudeensemble in seinem ursprünglichen Zustand zu erhalten. Schon hinsichtlich der barocken Verkleidung, die aus etwa 20 verschiedenen Steinsorten wie unterschiedlichen Marmoren besteht, wäre ein Abriss eine unverzeihliche Tat gewesen. Unter der kleidsamen Steinfassade verbirgt sich eine Konstruktion aus Stahl und Beton. Zur Beseitigung der Bausünden aus der Vergangenheit wurden die in den 1950er-Jahren abgerissenen sechs Ziertürme erneut aufgebaut. Als Wetterschutz dient eine in Stahl gerahmte Glaswand am äußeren Ende der Bahnsteige. Heute wird der Bahnhof täglich von rund 550 Zügen, mit Verbindungen wie etwa nach Amsterdam, Brügge, Brüssel, Lüttich, Rotterdam, frequentiert. Dass ein solcher Bahnhof nicht nur dem Bahnverkehr dient, liegt schon beinahe auf der Hand. Kein Wunder also, dass er bereits unter anderem in zahlreichen Spielfilmen als Kulisse diente.

Auf welcher Stelle ein Bahnhof in seiner Betrachtung steht, lässt sich nur bedingt feststellen. Doch für die meisten Menschen der Welt steht der Bahnhof von Antwerpen auf dem Siegertreppchen. Bild: FrimuFilms

Superlativ Bahnhof

57

Groß, teuer und auch noch lang

Von Bahnhöfen geht eine besondere Faszination aus. So mancher Bahnhof strahlt etwas aus, dem man sich kaum entziehen kann. Etwa 5.400 Bahnhöfe betreibt die Deutsche Bahn AG aktuell in Deutschland. Rund 21 Millionen Reisende oder Besucher befinden sich hier täglich. Das wäre rein mathematisch schon fast die gesamte Erdbevölkerung, die jedes Jahr auf den deutschen Bahnhöfen anzutreffen ist. Zusammengerechnet bringen es alle Bahnsteige der Deutschen Bahn AG auf eine Länge von etwa 2.300 Kilometern. Über 400.000-mal pro Tag hält ein Zug an einem Bahnsteig der DB in Deutschland.

Zunächst stand der Zweck deutlich im Vordergrund

Mit Beginn der ersten Eisenbahnen entstanden Empfangsgebäude, die in der Regel nur Zweckbauten waren. Doch dabei sollte es vielerorts nicht bleiben. Sie entwickelten sich an manchen Bahnlinien zu regelrechten Kathedralen. Als das älteste noch erhaltene Empfangsgebäude der

Der längste Hallenbahnhof Deutschlands steht in Berlin-Spandau. Das Glasdach ist 432 Meter lang und besteht aus einer Fläche von rund 20.000 Quadratmetern. Bild: Deutsche Bahn AG, Oliver Lang

Welt gilt der Bahnhof Manchester Liverpool Road in England. Der Kopfbahnhof der Liverpool and Manchester Railway (L&MR) wurde im Jahr 1830 eröffnet, etwas mehr als fünf Jahre vor der ersten Fahrt der Lokomotive Adler in Deutschland. Diese Bahnhöfe erzählen eine Geschichte, sie vermitteln den tatsächlichen Stellenwert der jeweiligen Eisenbahn und – dort, wo sie heute noch erhalten sind – ragen sie oftmals aus der baulichen Einheitsmasse der Städte heraus. Einigen sieht man noch die große Zeit der Eisenbahnen und damit auch die Zeit der Dampflokomotiven an. Ein gutes Beispiel dazu bietet der Hauptbahnhof von Frankfurt am Main. 1888 eröffnet, zählt der Kopfbahnhof zu den ersten deutschen Prachtbauten der Bahnhofsarchitektur.

Doch die Zeit hat sich und damit den jeweiligen Baustil verändert. Teuer sind die Bahnhöfe auch heute noch, auch wenn sie zumeist nur noch aus Glas und Beton bestehen. Würde man aber heute einen solchen Monumentalbau wie beispielsweise den Bahnhof von Antwerpen mit den gleichen Mitteln, den gleichen Materialien und dem gleichen Einsatz von Menschen bauen wie einst, könnte ihn keine Bahngesellschaft der Erde mehr bezahlen! Und auch heute noch sind die Bahnhöfe Drehkreuze der Mobilität und es werden auch heute noch imposante Bauten gebaut. Sie sind vielleicht

Stuttgart 21 – Hier bietet sich ein Blick in die Zukunft. Er bietet aber auch einen Blick in ein Milliardengrab – zumindest sehen das viele so. Bild: Deutsche Bahn AG, Jannik Walter

keine Orte des Aufbruchs mehr, aber sie sind groß und sehr mächtig, sie ragen aus den sie umgebenden Gebäuden heraus, sie faszinieren noch immer und machen auf sich aufmerksam und sind vor allem teuer. Ein besonderes Beispiel dafür ist die Station World Trade Center direkt vor dem One World Trade Center im Financial District Stadtteil von Manhattan in New York City. Er war zum Zeitpunkt seiner Errichtung der mit Abstand teuerste Bahnhof der Welt. Sein Bau verschlang umgerechnet sage und schreibe knapp 3,7 Milliarden Euro!

Dabei beherbergt der Milliardenbahnhof »nur« eine U-Bahn-Station. Bei ihr handelt es sich jedoch um die regionale U-Bahn Port Authority Trans-Hudson (PATH), die den fünftgrößten Verkehrsknotenpunkt der New York Metro-Area darstellt. Sie wurde 1909 eröffnet und für den Bau des einstigen World Trade Centers ein paar Jahre bis 1971 geschlossen. Die Terroranschläge am 11. September 2001 zerstörten jedoch auch diese Station. Erst 2003 konnte sie wieder dem Verkehr übergeben werden. Mit dem endgültigen Designentwurf des One World Trade Centers entstand aus der Feder des spanisch-schweizerischen Architekten und Künstlers Santiago Calatrava der Entwurf des heutigen Bahnhofs der Station World Trade Center. Die Anlage des öffentlichen Verkehrs nennt sich World Trade Center Transportation Hub. Über der Erde besticht der Milliardenbahnhof anhand seines glasdominierten Bauwerkes, das sein Inneres mit ausreichend

Diese Ansicht zeigt den »Oculus« aus östlicher Richtung. Direkt dahinter steht das neue One World Trade Center. Bild: Herbert Graf

Licht versorgt. Die für seinen Bau aufgebrachte Riesensumme wurde von der Hafenbehörde von New York und New Jersey aufgebracht, die zudem Eigentümer von Ground Zero ist. Seine Eröffnung erfolgte am 3. März 2016. Die 45.000 Quadratmeter große Bahnhofshalle, die »Oculus« genannt wird, ist das Herzstück des gigantischen Bahnhofs. Hier sind unzählige Einzelhandelsgeschäfte untergebracht. Der Bahnhof verbindet neben den PATH-Stationen auch teilweise unterirdisch Manhattan mit den Stadtteilen westlich des Hudson River. Doch Bahnhof geht auch anders! Zu den Bahnhöfen, die einen Rekord in Bezug auf ihre Größe, Länge oder ihr Alter aufstellen, gesellen sich auch skurrile Geschichten um Namen, die man zwar schon mal gehört hat, aber aufgrund ihrer schieren Länge längst wieder vergessen hat.

Der Bahnhof einer Gemeinde in Wales trägt den längsten Namen Europas. Sein Ursprung geht auf das 19. Jahrhundert zurück. Zur Steigerung der Attraktivität des Ortes ließ sich ein Anwohner den 58 Buchstaben langen Namen Llanfairpwllgwyngyllgogerychwyrndrobwllllantysiliogogogoch für den dortigen Bahnhof einfallen. Hinter dem Namen soll sich »Marienkirche in einer Mulde weißer Haseln in der Nähe eines schnellen Wirbels und der Thysiliokirche bei der roten Höhle« verbergen. Dagegen ist schon der größte Rangierbahnhof der Welt, der Bailey Yard im US-Bundesstaat Nebraska mit seiner Fläche von etwa 12 Quadratkilometern, seinen 507 Gleiskilometern und der Länge von 13 Kilometern direkt langweilig, oder?

Hier heißt es üben! Schaffen Sie es in einem Atemzug? Bild: Stationsschild von Llanfair PG (Wales, UK), Raphael Frey

Grand Central Terminal

Ein Bahnhof mit vielen Geheimnissen

58

Der Grand Central Terminal in New York ist der größte Bahnhof der Welt. Mit seinen vier Ebenen wurde der Kopfbahnhof im Februar 1913 eingeweiht und liegt mit 67 Bahnsteiggleisen unbestritten an der Spitze. Die Gleise sind auf zwei Ebenen angeordnet, 26 auf der unteren, 41 auf der oberen.

Häufig findet in Publikationen die Namensgebung des Bahnhofs Erwähnung. Sie beruht auf der Bahngesellschaft, der New York Central Railroad, die für den Bau des Bahnhofs verantwortlich zeichnete und Besitzer des Gebäudes war. Als Grand Central Depot wurde das Gebäude 1871 der Öffentlichkeit zur Verfügung gestellt. Die Größe des Gebäudes erlaubte die Unterbringung von Büros der Eisenbahngesellschaften. Mit Bahnsteigen auf Einstiegshöhe der Wagen und einer Überdachung über alle Gleise bot er Neuigkeiten. Nach einer größeren Umgestaltung besaß das nunmehr als Grand Central Station bezeichnete Gebäude statt drei Stockwerken sechs und verfügte über eine neugestaltete Fassade. Ungeachtet des Aufwandes wurde nur wenige Jahre später das Gebäude abgerissen und bis 1913 als Grand Central Terminal im Stil der Beaux-Arts neu errichtet. Die Linien wurden elektrifiziert. Aufgrund seiner enormen Größe erlangte das Gebäude, das von etwa einer halben Million Menschen täglich genutzt wurde, eine überaus große Bedeutsamkeit. Zu einer Stätte der Betrachtung wurde vor allem der zentrale Infostand mit seiner Uhr auf dem Dach. »Meet me under the clock« lautet hier tagtäglich das Motto. Hunderte von Menschen verabreden sich an diesem markanten Punkt.

Mythen und Geheimnisse

Dass ein solches Gebäude, auch wenn es abgerissen, neu aufgebaut und in der Folge bereits einige Male umgebaut wurde, einige Geheimnisse birgt, ist evident. Weniger geheimnisvoll, aber sicher nicht uninteressant, ist der »Auftritt« dieser »Kathedrale der Eisenbahn« in unzähligen Filmen, wie etwa »Armageddon«, »Der Knochenjäger«, »Spider-Man«, »Der unsichtbare Dritte«, »The Cotton Club« oder »The Avengers«, nur um ein paar Beispiele zu nennen. Von den Serien erst gar nicht zu sprechen. Aber eines der meistbesuchtesten Gebäude New Yorks präsentiert tatsächlich Dinge, die nicht unbedingt jedem bekannt sind. So etwa das Gleis 61. Es gehört zum Hotel Waldorf Astoria New York und war bereits in den

An diesem Bahnhof ist alles größer: ob Zugänge, die einzelnen Hallen, oder diese enorme Hauptempfangshalle. Allein sie umfasst eine Größe von knapp 7.500 Quadratmetern. Bild: Herbert Graf

Ein weithin sichtbarer und damit sehr begehrter Treffpunkt für unzählige Menschen jeden Tag: die Uhr auf dem Dach des Info-Standes in der Haupthalle. Bild: Herbert Graf

Der vierachsige Wagen steht noch heute auf Track 61. Das Gleis fand bei den letzten Renovierungsarbeiten am Hotel keine Berücksichtigung. Bild: Felix Lipov / Alamy Stock Foto

Bauplänen enthalten. Track 61 führt unter das Hotel und liegt damit nicht zusammen mit den anderen 66 Gleisen auf dem Gelände des Bahnhofs. Bis in die 1960er-Jahre war es Gästen möglich, ihre Privatsphäre zu wahren, indem sie mit einem eigenen Eisenbahnwagen direkt unter das Hotel fahren konnten. Später wurde das Gleis kaum noch benutzt, der Verfall begann. Heute ist das Gleis im Grunde verlassen. Doch führt zu ihm noch immer ein unterirdischer Gang, der einst für die Gäste gedacht war. Hinzu kommt ein Lastenaufzug. Der Bahnsteig soll unter anderen von prominenten Gästen, wie Franklin D. Roosevelt, General Pershing oder Douglas MacArthur benutzt worden sein.

Ebenfalls aufregend ist die Whispering Gallery. Nahe der Oyster Bar werden anhand eines Keramik-Torbogens inmitten der Betriebsamkeit die leisesten Worte von der einen auf dessen andere Seite übertragen – und sind hier deutlich hörbar. Kein Geheimnis, aber immer wieder gut zu wissen ist, dass alle Anzeigen der Grand Central eine Minute vorgestellt sind, um damit den Reisenden noch etwas Zeitreserve zum Erreichen ihrer Züge zu

geben. Nicht ganz so bekannt dürfte die Geheimtür unter dem Infostand in der Haupthalle sein. Direkt unter der weithin sichtbaren Uhr befindet sich eine Wendeltreppe, die zu einem weiteren Infostand in der darunter liegenden Ebene führt. Die Uhr in der Haupthalle besitzt vier Zifferblätter, damit sie von allen Richtungen zu sehen ist. Ihre Zifferblätter bestehen aus hellhoniggelbem Opal, deren Wert auf bis zu 20 Millionen US-Dollar geschätzt wird. Diese vierseitige Uhr ist wohl das bekannteste Symbol des Grand Central. Das Deckengewölbe in der Haupthalle birgt ebenfalls Mythen. In einer Höhe von 38 Metern ist die 8.000 Quadratmeter große Decke mit einem Sternenhimmel bemalt, auf dem die Figuren der Tierkreiszeichen sowie der Äquator dargestellt sind. Darunter genau 2.599 Sterne, 60 davon illuminiert. Nach der Korrektur eines Fehlers ist die astronomische Realität überragend genau dargestellt, jedoch invertiert. Über diese Tatsache gibt es jedoch keine klärenden Hinweise. Der Künstler hat den Grund für die spiegelverkehrte Darstellung mit ins Grab genommen. Die Bemalung der Decke wurde 12 Jahre lang restauriert und 1998 fertiggestellt. Vor allem der Zigaretten- und Zigarrenrauch der Gäste verschmutzte die Decke. Längst ist auch hier das Rauchen verboten. Die Decke ist jedoch an zwei Stellen nicht renoviert worden. Anhand einer der Stellen soll gezeigt werden, wie sie vor der Restauration ausgesehen hat, und an einer weiteren befindet sich ein Loch. Hier, neben dem Sternbild Fische, wurde 1957 eine ballistische Redstone Rakete mit einem Seil fixiert. Sie sollte den Amerikanern dienen, den enormen Rüstungsetat zu akzeptieren.

Heute wird der Bahnhof jeden Tag von über 750.000 Menschen betreten, der größte Anteil davon fällt auf College-Schüler. In einem der wohl opulentesten Bahnhöfe der Welt kann die Wartezeit unter anderem mit einem Tennisspiel vertrieben werden. Ein in der 4. Etage angelegter Tennisplatz ist jedermann zugänglich. Dass hier 1976 eine Bombe versteckt war oder die vielen Darstellungen von Eichenlaub oder Eicheln das Familiensymbol der Vanderbilt-Familie sind, die das Grand Central Depot erbaute, ist beinahe schon nebensächlich. 1975 wurde das Grand Central Terminal in das National Register of Historic Places eingetragen. Nur ein Jahr später wurde es zu einem National Historic Landmark erklärt und aus Anlass des hundertjährigen Bestehens im Jahr 2013 von der American Society of Civil Engineers in die List of Historic Civil Engineering Landmarks aufgenommen.

Big Boy-Land …

… einst und heute

59

Wie an unzähligen anderen Orten der Erde, wurde auch in den Vereinigten Staaten mit den eisenbahnhistorischen Bauwerken ein regelrechter Raubbau betrieben. Mit dem Rückgang der einstigen Bedeutung der Eisenbahn durch die Verlagerung von der Schiene auf die Straße durch den Individualverkehr lagen viele Eisenbahnstandorte mit ihren riesigen Drehscheiben brach. Noch viele Jahre befanden sie sich regelrecht in einer Phase zwischen Stagnation und Stilllegung.

Doch es ließ sich nicht mehr aufhalten. Mit den Jahren wurden immer mehr alte Baudenkmäler abgerissen. Sie verschwanden regelrecht vom Erdboden. Aber hier und da lassen sich noch Spuren von ihnen finden. Ein sehr gutes Beispiel ist der Standort Silvis im County Rock Island. Hier waren auch Big Boys beheimatet. Die einstige Anlage mit ihrem Rundhaus zeugte davon, welche Bedeutung die Eisenbahn für die Stadt hatte. An diesem Ort im Bundesstaat Illinois war man stolz darauf, dass es das Zuhause der Big Boys war. Weit über 300 Mitarbeiter waren in diesem riesigen Bahnbe-

Ein Bild aus der Blütezeit: Im Depot Silvis in Illinois wurde auch der Big Boy wieder ins Leben zurückgerufen. Bild: Union Pacific

triebswerk mit dem 45-ständigen Rundlokschuppen und dem Ausbesserungswerk zur Wartung oder Reparatur der Fahrzeuge tätig. Die Größe der Anlage zeigt sich gut in Zahlen: Der Wasserturm fasste über eine Million Liter Wasser und der Bunker etwa 350.000 Tonnen Kohle. Hinzu kam ein enormes Sandlager. Das Bw zählte damit zu den größten des Landes. Bald blieben vom Rundhaus nur noch sieben Stände, doch auch sie sind inzwischen unwiderruflich verschwunden.

Nun soll an diesem Standort ein Transportmuseum entstehen. Das wenige, noch vorhandene soll restauriert und auch der Denkmalschutz zum Thema werden, um das knapp 40.000 Quadratmeter große Hauptgebäude mit seinen Laufkränen zu erhalten. Es ist dabei sogar von den »… kühnsten Schritten für den Denkmalschutz und die Erhaltung der Eisenbahn in der jüngeren Geschichte« die Rede. Nun werden Teile des Geländes vermietet, um Einnahmen zu generieren und die Kosten der Akquisition auszugleichen. Was 1903 als zentraler Knotenpunkt errichtet und zur größten Lokomotiven-Reparaturwerkstatt werden sollte, wurde 1980 geschlossen und schließlich abgerissen. Doch hier ist man zuversichtlich. Auf der historischen Rock Island Silvis-Anlage soll einmal die Sammlung an historischen Personenzugwagen, unterschiedlicher Lokomotiven und eine Stromlinien-Diesellokomotive E9 sowie verschiedene Gerätschaften ausgestellt werden. Aber auch dampf- und dieselbetriebene Touristenzüge sollen wieder rollen.

Neben der Erinnerung oder Fotos ist doch noch etwas übrig geblieben. Auch die Lage der einstigen Drehscheibe läßt sich beim genauen Hinsehen wenigstens noch erraten. Doch nun soll hier ein Transportmuseum entstehen. Bild: Union Pacific

Rail Giants

60

Legenden aus Stahl

Mit Rail Giants ist nicht nur das gleichnamige Eisenbahnmuseum im Fairplex in Pomona, Kalifornien, gemeint. Die Bezeichnung Giganten aus Stahl wird vor allem Lokomotiven zuteil, die aufgrund ihrer Größe, ihres Gewichtes und ihrer langen Geschichte weltweit Aufsehen erregen. Sie wurden schließlich zu lebenden Legenden. Eine davon ist die Northern Nr. 844. Sie ist die letzte für die Union Pacific Railroad gebaute Dampflokomotive. Im Jahr 1944 ausgeliefert, fand sie ihren Einsatz als Hochgeschwindigkeits-Personenlok. Sie zog so bekannte Züge wie den Overland Limited, den Los Angeles Limited, den Portland Rose und den Challenger.

Vor allem ihren Fans ist sie auch mit der Nummerierung 8444 bekannt. Im Jahr 1962 erhielt sie die zusätzliche »4«, damit sie von den Diesellokomotiven unterschieden werden konnte, die zu jener Zeit ebenfalls mit 800er-Nummern versehen wurden. 1989 erhielt sie ihre ursprüngliche Nummer 844 zurück, als diese Diesellokomotiven ausgemustert wurden. Diesellokomotiven waren es, wie andernorts auch, die den Personenzug-

Union Pacific Dampflokomotive 844 unterwegs in Jefferson City, Missouri, während des Great Excursion Adventure auf der Route des Little Rock Express im Juni 2010. Bild: Union Pacific/Ron Kennedy

dienst übernahmen und die noch im Dienst stehenden dampfenden Schwestern zum Güterdienst degradierten.

Rettung vor dem Schneidbrenner

Nummer 844 verrichtete noch von 1957 bis 1959 in Nebraska ihren Dienst und konnte im Jahr 1960 vor ihrer Verschrottung gerettet werden, da sie für besondere Einsätze, wie Repräsentationen oder die Öffentlichkeitsarbeit, bereit gehalten wurde. Heute, nachdem sie hunderttausende Kilometer hinter sich gebracht hat, ist sie eine Botschafterin von Union Pacific und wird als solche gefeiert. Vor allem dann, wenn die auch weiterhin noch betriebsbereite Lady bei Jubiläumsfahrten oder anderen Sonderfahrten zu sehen ist.

Die Lokomotive der Northern-Klasse bringt inklusive ihres Tenders gewaltige 454 Tonnen auf die Waage. Dennoch waren die 34.747 Millimeter langen Maschinen der zweiten Serie in der Lage, die Grenze von 100 Meilen, also 160 Kilometer pro Stunde zu überschreiten. Neben der Nr. 844 existieren heute noch drei weitere dieser großartigen Lokomotiven. In Council Bluffs, Iowa, steht die Nummer 814, in Ogden, im Bundesstaat Utah, ist die Nummer 833 zu bestaunen. Ein traurigeres Schicksal fristet die Northern Nummer 838, sie dient nur noch als Ersatzteilspender für die derzeit einzige betriebsfähige der Northern-Klasse mit der Nummer 844.

Giganten aus Stahl – Seite an Seite. Hier zeigt sich die Northern Nr. 844 neben dem »Big Boy«, mit dem Union Pacific im Jahr 2019 die Restaurierung einer der größten Dampflokomotiven der Welt abschloss. Bild: Union Pacific

Streamliners

61

167,8 Tonnen Dieselpower

Erste stromlinienförmige Diesellokomotiven erschienen bereits im Jahr 1934. Mit ihrem futuristisch gestalteten Triebkopf beeinflussten sie für viele Jahre den Lokomotivbau Amerikas. Beispiele dafür sind die berühmten Züge, wie der City of Los Angeles, City of San Francisco und in der Folge die UP-Zugverbindung City of Denver ab dem Jahr 1936, die bereits von einer streamlined locomotive befördert wurden. Ihr elegantes Aussehen mit der auffallenden gelben Lackierung und ihrem unverkennbaren Motorengrollen, das sie weithin ertönen ließen, machte sie weltberühmt.

Die Electro-Motive Division (EMD) von General Motors lieferte im Jahr 1937 erste Lokomotiven der E-Serie aus. Die als A- und B-units bezeichneten Maschinen verfügten noch über 1.325 kW. Lokomotiven der Serien E-3 bis E-7 aus den Jahren 1939 bis 1949 besaßen eine Leistung von 1.470 kW. Für die beiden letzten Serien E-8 konnte die Leistung nochmals auf 1.655 kW, für die E-9-unit sogar auf 1.765 kW gesteigert werden. Ihre

Zusammen mit den Nummern 949 und 963B kam auch 951 an die UP zurück und wurde im Jahr 1993 mit modernen Komponenten ausgestattet. Glücklicherweise wurde ihr Aussehen aus dem Jahr 1955 weitestgehend beibehalten. Bilder: Union Pacific

Bezeichnung entstand aus ihrer ersten Leistungsstufe von 1.325 kW, die umgerechnet achtzehnhundert Pferdestärken ergeben. Erzeugt wurde die Energie bei den Maschinen der E-Serie von großvolumigen, zwölfzylindrigen Dieselmotoren, die Generatoren zur Erzeugung des Fahrstroms antrieben. Über 1.300 dieser Baureihe wurden bis ins Jahr 1963 in Illinois gefertigt. Darunter befinden sich auch 210 B-units, die ohne Führerstand an die A-unit gekoppelt werden konnten. Die E-Serie wurde ausschließlich für Personenzüge eingesetzt.

Heute zählen diese Stromlinienlokomotiven für viele Eisenbahnliebhaber zu den anmutigsten des amerikanischen Eisenbahnwesens. Sie erzielten einen langfristigen kommerziellen Erfolg der ersten in Serie gebauten Groß-Diesellokomotiven. Die E-9-Lokomotive Nummer 951 wurde im Jahr 1955 an Union Pacific ausgeliefert. Personenzüge sollten in den Vereinigten Staaten ab dieser Zeit fast ausnahmslos mit Diesellokomotiven befördert werden. Einst besaß die Union Pacific 69 E-9-Lokomotiven. Mit der Übernahme des größten Teils des Personenzugverkehrs durch Amtrak war Nummer 951 eine von acht Maschinen, die UP für besondere Aufgaben zurückbehielt, aber 1974 abgab. 1978 kam sie zu UP zurück und wurde aufwendig restauriert. Seit 1984 wird die im traditionellen Gelb neu lackierte Nummer 951 im Sonderzugverkehr eingesetzt.

Nur zwei von drei Achsen an jedem Drehgestell werden angetrieben. Daher lautet ihre Achsfolge (A1A)(A1A). Der Koloss fasst gewaltige 9.085 Liter Kraftstoff und 1.250 Liter Schmieröl.

Big Boy is back

Der »große Junge« dampft wieder

62

Der Big Boy verkehrte einst vor allem über die Rocky Mountains zwischen Wyoming und Utah. Doch das ist lange her. Diese gewaltigen Maschinen wurden exklusiv für die Union Pacific Railroad gebaut. Im Jahr 1941 trat der erste Big Boy seinen Dienst an. Die traurige Bilanz: Von den fünfundzwanzig Dampflokomotiven der Superlative sind nur acht übrig geblieben. Und nur Big Boy Nummer 4014 dampft heute wieder!

Die Klasse 4000 der Union Pacific Railroad war die größte Dampflokomotive der UP und eine der leistungsfähigsten der Welt! Regelmäßig zogen sie Züge mit bis zu 6.000 Tonnen. Ein Big Boy soll bei einem Versuch sogar einen 25.000 Tonnen schweren Zug, der in der Ebene von anderen Lokomotiven angeschoben wurde, alleine in Gang gehalten haben. Von American Locomotive Company (ALCo) wurden im Jahr 1941 zwanzig, im Jahr 1944 nochmals fünf Maschinen produziert. Den Namen »Big Boy« haben sie einem unbekannten Mitarbeiter der Firma, der diese Bezeichnung mit

Big Boy Nummer 4014 im Arbeitseinsatz in den 1950er-Jahren. Lange Jahre war sein Kessel kalt, doch nach harter Arbeit und einer gelungenen Restaurierung ist diese Lokomotive heute wieder betriebsfähig! Bilder und Daten: Union Pacific

Kreide auf die Rauchkammertür schrieb, zu verdanken. Fortan wurden alle Lokomotiven dieser Klasse als »Großer Junge« bezeichnet. Beinahe zur gleichen Zeit entstanden auch die Lokomotiven der Vorgängerklasse 3900 mit ihrer Achsfolge (2'C)C2'. Alle Big Boys waren in Cheyenne stationiert. Bis 1957 standen sie regelmäßig im Güterverkehr im Dienst. Dann wurden sie auf zehn Maschinen reduziert und nur noch auf dem 120 Kilometer langen Streckenabschnitt über den Sherman Hill zwischen Laramie und Cheyenne eingesetzt. Für die anspruchsvolleren Streckenabschnitte über die Wasatch Mountains zwischen Ogden und Green River verrichteten nunmehr Gasturbinenlokomotiven der Union Pacific ihren Dienst. Am 21. Juli 1959 beförderte Big Boy Nummer 4015 einen letzten planmäßigen Zug. Hin und wieder wurden noch einige Exemplare im Güterzugdienst eingesetzt, doch ihr Einsatz endete im Sommer 1961. Vier Lokomotiven wurden noch

Auf Hochglanz gebracht und auf Ölbefeuerung umgerüstet, erinnert Big Boy Nummer 4014 während der monumentalen Fahrt entlang der transkontinentalen Eisenbahnroute daran, dass die Eisenbahn immer eine Schlüsselrolle in der amerikanischen Geschichte spielte.

als Reserve betriebsfähig bis September 1962 in Cheyenne vorgehalten. Union Pacific attestiert einem Großteil der fünfundzwanzig Big Boys die gewaltige Laufleistung von mehr als 1,6 Millionen Kilometern.

Eine der Ikonen wird restauriert

Von den acht verbliebenen Lokomotiven der Klasse 4000 wurden sieben für öffentliche Ausstellungen gespendet. Sie sind abwechselnd in verschiedenen Städten im ganzen Land, wie etwa in Cheyenne, Colorado, Dallas, Denver, Green Bay, Missouri, Nebraska, Omaha, Pennsylvania, Scranton, St. Louis, Texas, Wisconsin und Wyoming zu finden. 2013 konnte UP die Lokomotive Nummer 4014 zurück erwerben und von ihrem bisherigen Ausstellungsort, dem RailGiants Train Museum in Pomona in Kalifornien, nach Cheyenne in Wyoming überführen.

Union Pacific begann mit einem der größten Restaurierungsprojekte, das jemals in der Geschichte der Eisenbahnerhaltung in den USA durchgeführt wurde, um den 150. Jahrestag der Fertigstellung der transkontinentalen Eisenbahn zu feiern. Big Boy Nummer 4014 wurde im Dezember 1941 an Union Pacific ausgeliefert und vollendete seine letzte Fahrt am 21. Juli 1959. 1961 wurde er schließlich ausgemustert. In seinen 20 Dienst-

Wenn der betriebsbereite Big Boy auftritt, biegen sich alle erklimmbaren Zuschauertribünen. Wer die Ikone des großen Dampfzeitalters der amerikanischen Eisenbahn miterlebt und gerochen hat, wird zwangsläufig beeindruckt sein.

jahren hat er 1.031.205 Meilen zurückgelegt. Nach einer erfolgreichen Restaurierung kehrte Nummer 4014 am 5. August 2019 auf die Schienen zurück. Im Rahmen einer fünfwöchigen Tour bei Ausstellungsveranstaltungen in fünf Großstädten sowie bei kurzen Zwischenstopps in mehr als 90 weiteren Gemeinden zeigte sich der Big Boy von seiner besten Seite.

Old dog with new tricks

Mit einem Gesamtgewicht von 548,3 Tonnen und einer Dauerleistung von 4.626 kW am Zughaken bei knapp 50 Kilometern in der Stunde wurden die Big Boys während des Zweiten Weltkriegs auch gebaut, um den Transport von Kriegsmaterial sicherzustellen. Zudem mussten sie die Wasatch-Bergkette östlich von Ogden, Utah, überqueren. Der dabei wohl schwierigste Abschnitt auf der UP-Transkontinentalstrecke war die langgezogene Steigung über den Sherman Hill, Wyoming, südlich des Ames-Monuments mit einer maximalen Steigung von 15,5 Prozent. Die Lokomotiven mussten Züge mit etwa 3.000 Tonnen über diese Steigung bringen, aber auch schnell genug sein, um die gesamte Strecke zwischen Cheyenne und Ogden ohne einen Lokwechsel befahren zu können. Mit einer zulässigen Höchstgeschwindigkeit von 112 Kilometern in der Stunde zählten sie somit auch zu den schnellsten Gelenkdampflokomotiven. Um eine Sicherheitsreserve bereitzustellen, waren die Lokomotiven für Geschwindigkeiten bis 129 Kilometer in der Stunde ausgelegt. Als Gelenklok mit Einfachexpansion lautet ihre Achsfolge (2'D)D2' h4 oder in Whyte-Notation 4-8-8-4. Damit sind die Big Boys einzigartig, denn keine andere Lokomotive wurde je mit dieser Achsfolge gebaut. Auch wenn die Lokomotiven trotz ihrer Größe einfach zu bedienen waren und während des Krieges oftmals nur von Hilfspersonal gefahren wurden, ist der legendäre Big Boy Nummer 4014 nunmehr mit dem Positive Train Control ausgestattet. Das einheitliche Zugbeeinflussungssystem PTC der Vereinigten Staaten ist dem europäischen ETCS ähnlich. Damit können fahrende Züge von außen gesteuert und im Notfall gestoppt werden.

Für die Installation der PTC-Anzeigeeinheit musste eine spezielle Lösung entwickelt werden, da sie auf der Nutzung des PTC-Bordcomputers einer nachlaufenden Diesellokomotive basiert. Im Bewusstsein ihrer Vergangenheit veröffentlichte Union Pacific eine historische Dokumentation. Daraus geht hervor, dass Big Boy Nummer 4005 auf einer Fahrt mit einem Zuggewicht von 3.530 Tonnen bei einer Geschwindigkeit von 66 Kilometern in der Stunde 8,8 Tonnen Kohle pro Stunde verbraucht haben soll. In der Folge wurde 4005 versuchsweise auf Ölhauptfeuerung umgebaut. Doch sie bewährte sich zu dieser Zeit nicht.

KiwiRail of New Zealand

63

Durch das Land der Erdbeben und Vulkane

Die im frühen 19. Jahrhundert vorhandenen Eisenbahnlinien in Neuseeland lagen, wie in dieser Zeit üblich, in privater Hand. Mit der Entwicklung der Infrastruktur wurden die verschiedenen Gesellschaften zu einem staatlich geführten Transportsystem zusammengefasst und zahlreiche neue Strecken errichtet. Dieser Ausbau bewirkte in nur einem Jahrzehnt beinahe eine Verzwanzigfachung des Streckennetzes. Die Eisenbahn in Neuseeland erreichte um 1880 ein Transportvolumen von rund drei Millionen Fahrgästen und den Transport von über 800.000 Tonnen Gütern pro Jahr.

Rückkauf durch den Staat

Um die Wende in das 20. Jahrhundert hatte sich das Streckennetz auf weit über 3.000 Kilometer ausgedehnt. Doch in den darauffolgenden Jahrzehnten reduzierte sich die Effizienz des Schienenverkehrs in Neuseeland. Wie an so vielen Orten dieser Erde wurde der Individualverkehr zu einem Problem für die Bahn eines Landes – zu groß wurde die Konkurrenz.

Ein Kohlezug der KiwiRail wird westwärts über den Arthur's Pass gezogen. Die Aufnahme mit den Lokomotiven 5206 und 5419 der Baureihe DXC entstand bei Cass. Bild: Kabelleger, David Gubler

Der KiwiRail Coastal Pacific verkehrt nur in den Sommermonaten. Nach einem Erdbeben im Jahr 2011 wird der für Touristen konzipierte Zug nach einer halbjährigen Pause wieder betrieben. Bild: Johannes Vogel

Um dem Einhalt zu bieten, wurde der Straßenverkehr gesetzlich auf eine Geschwindigkeit von nur 30 Meilen reduziert. Hinzu kamen Einschränkungen auf Transportentfernungen. Doch all diese Maßnahmen blieben erfolglos und führten nur zu weiteren Verlusten. Auch eine Privatisierung erbrachte keinen Erfolg. In deren Folge drohte sogar die Vernachlässigung des Bahnnetzes. Mehrere Unternehmen versuchten, das Schienenverkehrssystem aus der Verlustzone zu holen. Erst mit dem Rückkauf des Bahn- und Fährbetriebs im Jahr 2008 durch die Regierung und der Übertragung an die KiwiRail Limited, die von der New Zealand Railways Corporation gegründet wurde, sollte die Bahn wieder auf die richtige Spur gebracht werden. Doch der Verlust war immens. Heute befindet sich die neuseeländische Eisenbahn wieder zu einhundert Prozent im Staatsbesitz.

Gefahr durch Naturgewalten

Im Land der Erdbeben und Vulkane wird das staatliche Eisenbahnsystem durch die New Zealand Railways Corporation (NZRC) betrieben. Die NZRC unterteilt sich in die Ontrack Infrastructure Limited, die das Schienennetz in Neuseeland betreibt, und die KiwiRail Limited, deren Geschäftsbereiche den Personen- und Güterverkehr in Neuseeland ausführen. Bahnfahrten auf Neuseeland sind herausragend schön, doch auch gefährlich! Immer wieder unterbrechen die Naturgewalten den Bahnverkehr. 1953 ereignete sich mit dem Eisenbahnunfall von Tangiwai der folgenschwerste seiner Art in der Geschichte Neuseelands. 151 Tote waren die Folge.

64 Driving Creek Railway

»Dead-end« – wortwörtlich?

Das Wortkompositum »dead-end« hat verschiedene Bedeutungen. Für die Driving Creek Railway (DCR) passt die Bezeichnung eindeutig zu einer Spitzkehre, deren Ende sich unmittelbar über dem Abgrund befindet. In einer Höhe von etwa 160 Metern wird der Bahn an einem Prellbock der Marke Eigenbau ein Ende gesetzt – vorausgesetzt, er hält.

Dabei handelt es sich bei der DCR um eine Park- und Bergbahn. Doch sie hat es in sich. Neben einer Spitzkehre in schwindelerregender Höhe zählt sie zu den steilsten Adhäsionsbahnen der Erde. Ihre maximale Neigung beträgt etwa 70 Promille. Wesentlich dabei ist, wie lange die zu überwindende Steilstrecke ist. Im Vergleich dazu die Pöstlingbergbahn in Linz: Sie gilt mit einer Steigung von 105 Promille als die steilste der Welt, die sie zudem auf der ganzen Strecke zu überwinden hat. Am Hohen Damm liegt die Steigung sogar bei 116 Promille. An einigen Stellen liegt die Straßenbahn in Lissabon noch darüber. Hier wird an kurzen Streckenabschnitten von einer Neigung von bis zu 135 Promille gesprochen. Beim Bau von

An einem selbst konstruierten Prellbock endet die fünfte Spitzkehre – direkt über einem Abgrund in etwa 160 Meter Höhe. Bild: Heinz Bergner

Hauptbahnen etwa wird in der Regel die 30 Promille-Grenze nicht überschritten. Die Strecke der DCR verfügt über eine Gesamtlänge von 2,7 Kilometern, die Spurweite der Liliput-Bahn beträgt 381 Millimeter.

Die Bahn ist einem Töpfer zu verdanken, der sie 1961 errichtete, um damit seine Werkstatt mit einer Tongrube in der näheren Umgebung zu verbinden. 1974 entstand aus Teilen der ersten Bahn und den Anlagen verschiedener stillgelegter Kohlebergwerke eine deutlich größere Bahn auf einem neuen Anwesen. Bald wollte der Betreiber seine Bahn neben dem Transport von Rohstoffen für seine Töpferei auch dem Tourismus nahebringen. 1990 erhielt er auch eine staatliche Genehmigung für den Personentransport. Die Bahn nahe der Stadt Coromandel auf der Nordinsel Neuseelands ist damit eine der wenigen neu errichteten Eisenbahnen Neuseelands unserer Tage. Etwa eine Stunde dauert eine Fahrt von einem Ende zum anderen. Erstaunlich ist die Vielseitigkeit des Betreibers. Nicht nur, dass alle Eisenbahnfahrzeuge von ihm selbst hergestellt wurden, auch die Strecke in ihrem anspruchsvollen Gelände, inmitten eines gemäßigten Regenwaldes mit Brücken und Tunnel, stammen aus seiner Hand. Besonders außergewöhnlich ist vor allem eine Doppelstockbrücke. Sie wird nach einer Kehrschleife gleich ein zweites Mal auf einer zweiten Ebene befahren. Platzreservierungen werden empfohlen, die Besucherzahlen erreichen längst die 30.000er-Marke.

Diese Doppelstockbrücke ist vielleicht die einzige weltweit, die vom gleichen Zug über eine Kehrschleife zuerst auf der einen Ebene und danach auf der anderen Ebene befahren wird. Bild: Heinz Bergner

Von Adelaide bis Darwin

Eine Eisenbahnfahrt der Superlative

65

Wer mit dem transkontinentalen Zug »The Ghan« reist, durchquert sagenhafte 22,5 Breitengrade und vier Klimazonen. Mit seiner 2.979 Kilometer langen Strecke teilt er quasi den Kontinent in zwei Hälften. Damit gehört er zu den längsten Eisenbahnstrecken der Erde. Sein Streckenverlauf ist jedoch noch gar nicht so lange geschlossen. Von Küste zu Küste fährt The Ghan erst seit 2004, nachdem eine durchgängige Umstellung auf die Normalspur erfolgte.

Aus den Tagen der schmalspurigen Kapspur lassen sich noch einige Relikte im Museum Old Heritage Railway in Alice Springs finden. The Ghan wird von der Central Australian Railway betrieben. Vom Norden in den Süden benötigt der Fernverkehrszug quer durch den fünften Kontinent etwa 49 Stunden. Aus Sicherheitsgründen wird er regelmäßig von zwei Diesellokomotiven gezogen. Der Ausfall einer Lokomotive wäre im heißen Outback unter Umständen gefährlich! The Ghan, dessen Jungfernfahrt 1929 erfolgte, erreicht mit rund 115 Kilometern in der Stunde seine Höchstgeschwindigkeit.

Worauf der Name The Ghan zurückzuführen ist, ist nicht exakt belegt. Häufig wird jedoch von »The Afghan Express« gesprochen, wobei es sich nicht um Afghanistan, sondern um das damalige Britisch-Indien handeln soll. Bild: Lernidee Erlebnisreisen GmbH, Tourism NT

Die Entenschnabel-Nase

66

Hochgeschwindigkeit mit Shinkansen E5

In Japan fuhren Züge erst ab 1990 schneller als 250 Kilometer in der Stunde. Bei 275 war jedoch das Ende der Fahnenstange erreicht. Doch selbst das erschien in diesen Jahren nicht als übermäßig schnell. Mit der Zielsetzung, die Systemgeschwindigkeit auf den Schnellfahrstrecken weiter zu erhöhen, entstanden als »FASTECH 360« zwei Versuchszüge. Er sollte schnell, aber auch sicher sein und zudem einen guten Fahrkomfort bieten. Doch auch hier war bei 320 Kilometer in der Stunde Schluss. 2009 standen erste Prototypen des E5 zur Verfügung. Besonders auffallend war die langgezogene Kopfform der Endwagen. Diese aerodynamische Form ist in erster Linie den strengen Lärmschutzauflagen des Landes geschuldet, sie reduziert aber auch den Überschallknall, den Sonic Boom, bei Tunneleinfahrten. Die Anzahl der Züge belief sich auf 59 inklusive der als Vorserie ausgelieferten Triebwagenzüge.

Mit der Einführung der neuesten Generation werden bereits ältere Fahrzeuge wieder ausgemustert. Die zugelassene Höchstgeschwindigkeit beträgt noch immer 320 Kilometer in der Stunde.

Wussten Sie schon?

Ein Ticket für die Jungfernfahrt kam umgerechnet auf mehrere tausend Euro. Innerhalb eines Tages aber waren alle Plätze vollständig ausverkauft!

Bahnhof Shin-Hakodate-Hokuto – Shinkansen-Baureihe E5 der JR East auf der Hokkaido-Shinkansen Strecke. Bild: Volker Emersleben

Fensterplatz obligat

– wenn der Shinkansen auf den Fuji trifft!

67

Der Begriff Shinkansen wird oft mit den Hochgeschwindigkeitszügen Japans in Verbindung gebracht. Ursprünglich bezog sich die Bezeichnung aber nur auf das im Jahr 1964 eingerichtete regelspurige Streckennetz der »neuen Stammstrecke« mit seinen verschiedenen Gesellschaften der Japan Railways (JR). Heute jedoch sind die Züge mit ihren unterschiedlichen Baureihen oder die Bezeichnungen der Verbindungen im Begriff eingeschlossen.

Schnell, aber nicht der schnellste

Mit einer Maximalgeschwindigkeit von 300 Kilometern in der Stunde liegt der Shinkansen nicht an der Spitze. Vor dem Shinkansen liegt die Shanghai-Magnetschwebebahn mit 430 Kilometern pro Stunde auf Platz eins, gefolgt von dem CR400 in China und dem AVE S-103 in Spanien mit 350 Kilometern in der Stunde. Ihnen folgt der deutsche ICE 3 mit 330 und der französische TGV mit 320 Kilometern in der Stunde. Mit der gleichen Geschwindigkeit liegt Japan mit seinem JR East E5 auf Platz 6. Jetzt erst kommt der Shinkansen, gefolgt von dem Trenitalia ETR 1000 und dem Haramain High Speed Railway in Saudi-Arabien. In einem ist der

Die Baureihe N700 steht bei verschiedenen Gesellschaften der Japan Railways (JR) mit zahlreichen Varianten im aktiven Dienst. Hier der Tōkaidō-Shinkansen der Bahngesellschaft JR Central. Bild: Volker Emersleben

Shinkansen jedoch allen überlegen: in der Pünktlichkeit und in der Unfallstatistik! Tatsächlich gab es seit mehr als 50 Jahren keinen Unfall. In Bezug auf ihre Pünktlichkeit werden Abweichungen von nur einer Minute als Schande angesehen. Dann wird alles versucht, die Verspätung aufzuholen.

Neben den üblichen Baureihen, sind auch Besonderheiten, wie der Doctor Yellow, ein gelbes Diagnose- und Messfahrzeug der Shinkansen-Baureihe, auf den Strecken unterwegs. Er überwacht den Zustand der Trassen der Shinkansen-Züge. Da diese Züge eher selten anzutreffen sind, soll es Glück bringen, einen zu sehen. Mit viel Glück kann auch der experimentelle ALFA-X-Shinkansen beobachtet werden. Er soll mit Geschwindigkeiten von bis zu 400 Kilometern in der Stunde die heutigen Züge ablösen. Auch in Bezug auf seine Sauberkeit ist der Shinkansen bemerkenswert. Wenn die Shinkansen-Putztruppe ihre Arbeit getan hat, herrscht Perfektion. Das gilt auch für seine Außenhaut, die regelmäßig gereinigt und poliert wird. Im Vergleich dazu schneidet so mancher ICE richtig schlecht ab.

Gut zu wissen:

Von Juli bis Mitte September ist der Fudschijama vom Zug aus zu sehen. Nur sollte man dann auf der richtigen Seite sitzen! Wer von Tokio aus in Richtung Kyoto die Reise antritt, sollte also den D- oder E-Sitz, in den Green Cars den C- oder D-Sitz auf der rechten Seite reservieren.

Der Shinkansen befindet sich in Richtung Süden aus Tokio kommend. Der 3776,24 Meter hohe Fudschijama, der höchste Berg Japans, seit 2013 ist er Teil des Kulturerbes. Bild: Volker Emersleben

Höhenkrankheit inbegriffen

Die höchstgelegene Bahnstrecke der Welt

68

Eisenbahnen liefern weltweit immer wieder Superlative. Ob das die stärkste Lokomotive, der schnellste Zug oder die steilste Bahnstrecke ist, sie sind zurecht etwas Besonderes. Solche Aufzählungen lassen sich beinahe endlos fortsetzen, warum nicht auch mit der höchsten Eisenbahn der Welt? Sie ist in China zu finden, verbindet Xining mit Lhasa und wird gemeinhin wegen ihres Zielbahnhofs als Lhasa-Bahn oder natürlich auch als Tibet-Bahn bezeichnet.

Schon lange wartet China mit Superlativen mannigfaltiger Natur auf. Es ist daher nicht verwunderlich, dass der im Jahr 1984 eröffnete Bauabschnitt mit seinen Erweiterungen in den Jahren 2006 und 2014 zu Rekorden geführt hat. So wurde der jüngste Bauabschnitt, der eine Verlängerung der Strecke zur zweitgrößten Stadt Tibets mit über 250 Kilometern Länge darstellt, zu einem der größten Bauprojekte für Eisenbahnen im 21. Jahrhundert. Insgesamt beträgt die Länge dieser Strecke 1.956 Kilometer. Ihr Scheitelpunkt liegt auf 5.072 Metern. Damit ist die Tibet-Bahn die höchstgelegene Bahnstrecke und auf 5.068 Meter liegt hier der höchstgelegene

Karg, weit, kalt und hoch. Der Scheitelpunkt dieser Strecke liegt auf 5.072 Meter über Normalhöhennull. Bild: © FVA China

Bahnhof der Welt. Bei 4.905 Metern passieren die Züge auch noch den höchsten Tunnel der Welt. Der im Bauabschnitt aus dem Jahr 2014 fertiggestellte neue Guanjiao-Tunnel mit einer Länge von 32.650 Metern verkürzt die Gesamtstrecke um beinahe 37 Kilometer. Er zählt damit nicht nur zu den längsten Tunneln der Welt, er ist der längste im gesamten chinesischen Eisenbahnnetz. Seine beiden Röhren können mit Geschwindigkeiten von 160 Kilometer in der Stunde durchfahren werden. Hier befindet sich auch der schnellste Abschnitt der Strecke.

Notarzt an Bord!

Etwa 960 Kilometer der Gesamtstrecke verlaufen in einer Höhe von über 4.000 Metern. Auf dem Streckenteil von Golmud bis Lhasa kann dann schon mal die Luft dünn werden. Daher empfehlen die meisten Reiseveranstalter einen Zwischenstopp in Xining, der Hauptstadt der Provinz Qinghai, oder in Golmud, einer Stadt im Autonomen Bezirk Haixi. Beide Städte liegen noch unter 3.000 Metern. Ein Aufenthalt soll die Besucher an die Höhe gewöhnen und damit der Höhenkrankheit vorbeugen. In den Zügen werden aber durch Düsen in der Decke Sauerstoff in die Kabinen geblasen. Zudem sind für eventuelle Notfälle Ärzte im Zug. Die Reise zum Dach der Welt durch schroffe Gebirgszüge und die tibetische Hochebene nahe des Mount Everest ist ein Superlativ. Wer in den Zügen jedoch überzogenen Luxus erwartet, wird möglicherweise enttäuscht sein.

Für Personenzüge im Doppeleinsatz: Die Baureihen NJ2 sind sechsachsige Lokomotiven von General Electric. Für schwere Güterzüge werden sie sogar dreifach gekoppelt eingesetzt. Bild: CC BY-SA 2.0, Henry Chen

中国铁道博物馆 …

… das Chinesische Eisenbahnmuseum

69

Direkt an der Südostecke des Tian'anmen-Platzes im Stadtzentrum Pekings, der in unseren Gefilden eher als Platz des Himmlischen Friedens bekannt ist, befindet sich der ehemalige Bahnhof Zhengyangmen. Das Gebäude mit der imposanten Fassade beherbergt heute ein öffentliches Eisenbahnmuseum.

Hier wird die Geschichte der Eisenbahn Chinas anhand von unzähligen Fotos und Dokumenten gezeigt. Neben einer historischen Dampflokomotive und vielen bahntechnischen Fragmenten sind hier auch viele wertvolle Modelle ausgestellt. In den Ausstellungsräumen, die sich auf vier Ebenen befinden, wird die Geschichte, die Gegenwart und die Zukunft der Eisenbahn in China dargestellt. Immer wieder stehen dabei die zwischenzeitlich bereits stark ausgebauten Hochgeschwindigkeitsstrecken im Mittelpunkt des Geschehens. China ist schließlich zurecht stolz auf seine unglaublich schnelle Entwicklung der Eisenbahn in den letzten Jahren. Heute verkehren in keinem Land der Erde mehr Hochgeschwindigkeitszüge als hier!

Im Reich der Eisenbahn

Dass das Reich der Mitte längst ein Reich der Eisenbahn geworden ist, zeigt sich vielerorts, wenn beinahe an allen möglichen und unmöglichen Stellen neue Hochgeschwindigkeitstrassen regelrecht aus dem Boden schießen. Im Museum steht diese Entwicklung im Mittelpunkt. Neben einem 3D-Kino im Untergeschoss wird auch ein Fahrsimulator eines CRH3 angeboten. Dabei handelt es sich um einen Hochgeschwindigkeitszug, der von Siemens entwickelt wurde und inzwischen in mehreren Baureihen und damit Varianten auf den Schienen des Landes unterwegs ist. Ebenfalls im Untergeschoss ist das Modell der Lhasa-Bahn ausgestellt. Die normalspurige Bahn wird auch als Tibet-Bahn bezeichnet und verbindet mit ihrer beinahe 2.000 Kilometer langen Strecke die Stadt Xining als Hauptstadt der Provinz Qinghai mit Lhasa, der Hauptstadt Tibets. Dabei handelt es sich nicht nur um die höchstgelegene Bahnstrecke mit über 5.000 Metern über Normalhöhennull und dem höchstgelegenen Bahnhof der Welt, sie besitzt zudem auch den längsten Eisenbahntunnel des gesamten Streckennetzes in China. Seine Gesamtlänge beträgt über 32 Kilometer. Erwähnenswert auf dieser Strecke ist auch der mit seinen 4.905 Metern

Einst erster Bahnhof in Peking, heute Eisenbahnmuseum. Die erste tatsächliche Bahnlinie führte in den Nordosten des Landes und diente vor allem dem Personenverkehr. Nachdem das 1901 errichtete Gebäude an seine Grenzen stieß, wurde der Bahnhof 1959 etwa 2,5 Kilometer nach Osten verlegt – der heutige Hauptbahnhof. Das Museum bietet einen lohnenden Besuch für echte Eisenbahnliebhaber! Bild: Reinhard Dietrich

Der Ausstellungssaal im Erdgeschoss vermittelt einen Eindruck über die unglaubliche Geschichte der Eisenbahn in China. Leider ist der ursprüngliche Bahnhof in keinem Bereich der Ausstellungsräume mehr zu erkennen. Bild: Stefan Friesenegger

höchstgelegene Tunnel der Welt. Wer sich noch an den Anfang des Kapitels erinnert: »Neben einer historischen Dampflokomotive …«. Tatsächlich steht in diesem Museum nur eine Lokomotive. Wer also vor allem nach Lokomotiven sucht, dem sei die zum Museum gehörige Fahrzeughalle im Stadtbezirk Chaoyang empfohlen. Die Ausstellungsfläche der im Jahr 2002 eröffneten Halle erstreckt sich auf etwa 16.500 Quadratmeter und geizt nicht mit Fahrzeugen. Lokomotiven mit Diesel-, Elektro- und Dampftraktion vor allem aus der Zeit nach der Gründung der Volksrepublik China sind hier in üppiger Anzahl zu finden.

Gut zu wissen:

Beim Erwerb der Eintrittskarten werden Touristen gebeten, ihren Reisepass vorzulegen. Minutiös und überaus genau werden alle wesentlichen Daten zur Person in ein Buch eingetragen.

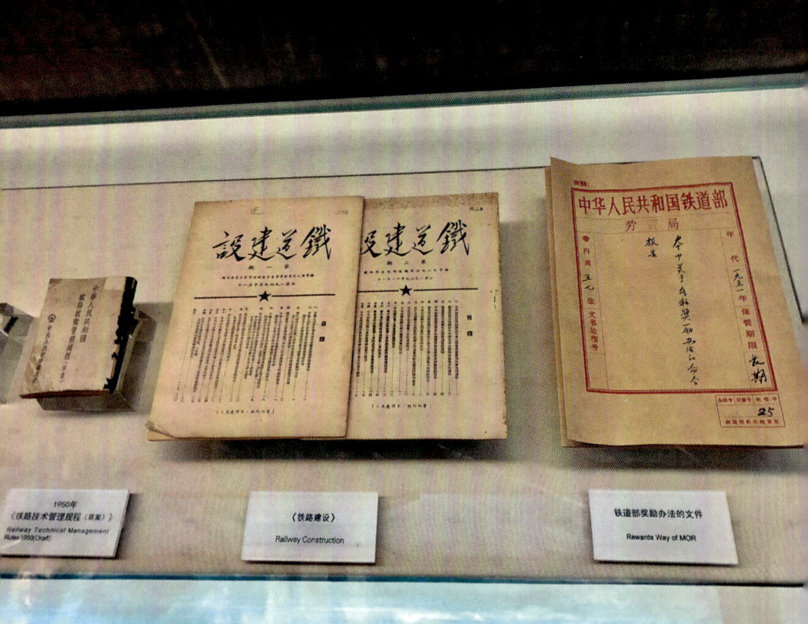

Vergangenheit und Zukunft des Landes liegen eng beieinander und werden im Museum anschaulich mit Originaldokumenten gezeigt. Bild: Stefan Friesenegger

Neben vielen Modellen von wichtigen Brücken oder Bahnhöfen steht verständlicherweise die Zukunft der Eisenbahn in China im Mittelpunkt. Bild: Stefan Friesenegger

Diese kleine Dampflokomotive ist leider die einzige in diesem Museum. Dennoch lohnt ein Besuch! Bild: Stefan Friesenegger

Disziplin trotz Größe

70

Aus der Ruhe kommt die Kraft!

Werden die administrativen Stadtgrenzen mit einbezogen, ist Chongqing in Bezug auf die Einwohner derzeit die größte Stadt der Welt. Allein die Fläche des Verwaltungsgebietes der Stadt ist mit ihren 82.403 Quadratkilometern beinahe so groß wie Österreich. Im Jahr 2020 lebten hier rund 32 Millionen Einwohner und jährlich kommen etwa 500.000 Menschen dazu. Dass solch eine Stadt über unzählige Bahnhöfe und ein gewaltiges Streckennetz einer Stadtbahn verfügt, versteht sich von selbst. Und auch das wächst! Das Netz soll bald eine Größenordnung von 18 Linien mit einer Streckenlänge von weit über 800 Kilometern annehmen.

Gedrängel am Bahnsteig, ein Geschubse am Bahnhof oder in den Bahnen? Weit gefehlt! Alles geht ruhig und im Verhältnis leise von statten. Das gilt vor allem für die Schnellfahrzüge. Hier ist im Verhalten der Reisenden auch kaum ein Unterschied zwischen der ersten und der zweiten Klasse festzustellen. Anders sieht es sicher in den Vorstadtzügen in so manch einer chinesischen Provinz aus. Hier gibt es noch heute Züge, in denen Hühner oder Ziegen in den Abteilen mitgenommen werden.

Riesiges Highspeed-Netz

Alle Provinzen der Volksrepublik China sind bereits an das Eisenbahnnetz, das im Wesentlichen von der China Railway betrieben wird, angeschlossen. Die geografische Ausdehnung des Landes wirkt sich auf die Streckenlängen aus. Damit dehnen sich auch die Hochgeschwindigkeitsstrecken, die in den letzten zehn Jahren auf beinahe 40.000 Kilometer angewachsen sind, enorm aus. China hat somit das längstes Highspeed-Schienennetz der Welt und das längste Streckennetz in Asien. Da die Vergabe von Fahrerlaubnissen für den Straßenverkehr stark reglementiert ist, spielt die Bahn in China eine große Rolle. Bei einer geschätzten Gesamtbevölkerung von 1,41 Milliarden Einwohnerinnen und Einwohnern im Jahr 2022 kommt einiges zusammen. Hinzu kommt der Transport von Rohstoffen und Gütern. Doch all das scheint hier niemanden aus der Ruhe zu bringen. So, wie die städtischen Reinigungskräfte auf einer stark befahrenen Straße unbeirrt zwischen den vorbeifahrenden Fahrzeugen ihrem Job nachkommen, so gelassen, ja fast stoisch, benutzen die Menschen die Bahnen – vielleicht kultivierter als an so manch anderen Orten dieser Erde.

Riesige Bahnhöfe, eine Unzahl von Bahnsteigen und Menschen, so weit das Auge reicht. Doch weder Hektik noch unangenehme Lautstärken sind hier zu vernehmen. Alles wirkt gelassen und ruhig. Bild: Stefan Friesenegger

Wenn der Zweck es erfordert, fährt ein Zug auch schon mal durch ein Wohngebäude. Hier die Linie 2 der Chongqing Rail Transit. Bild: Chen Hualin

Die Perle des Orients

71

Shanghai – als gäbe es kein Gestern

Wer heute vor der weltberühmten Skyline von Pudong steht, kann fast nicht glauben, dass alle diese Wolkenkratzer erst in den letzten paar Jahrzehnten aus dem Boden gestampft wurden. Auch wenn Shanghai schon von je her eine quirlige Metropole war und vielerorts als Paris des Ostens bezeichnet wurde, fuhren hier nur wenige Autos. Sogar die Eisenbahn spielte nicht die Rolle, die sie eigentlich hätte einnehmen können.

Inzwischen ist die Stadt mit ihrem deutlich erkennbaren westlichen Einfluss auf astronomische 25 Millionen Einwohner angewachsen – Tendenz steigend.

Ein umfangreiches Regierungsprogramm hatte zur Folge, dass alles gut funktioniert. Zu den Maßnahmen gehörte neben dem Bau von Brücken

Die weltberühmte Skyline von Pudong, dem Wirtschafts- und High-Tech-Bezirk Shanghais. Der Oriental Pearl Tower mit seinen 11 Kugeln ist mit einer Höhe von 468 Metern zurzeit der dritthöchste Fernsehturm Asiens und der fünfthöchste der Welt. Das Viertel ist erst vor wenigen Jahrzehnten entstanden. Bild: Stefan Friesenegger

ein Unterwassertunnel und die Modernisierung der Eisenbahn. Shanghai nimmt hierbei in China sogar eine Vorreiterrolle ein. Das mag auch dem Stellenwert in der Finanzwelt mit seiner großen Anzahl von multinationalen Unternehmen geschuldet sein. Es verwundert daher nicht, dass die Hauptstadt Peking mit Shanghai durch eine neue Hochgeschwindigkeitstrasse verbunden wurde, die weltweit Maßstäbe setzte. Die Hochgeschwindigkeitsstrecke feierte am 30. Juni 2021 bereits ihr zehntes Jubiläum. Die normalspurige, durchgehend zweigleisige, voll elektrifizierte Strecke zählt zu den verkehrsreichsten und schnellsten Bahnlinien Chinas. Allein im ersten Jahrzehnt wurden hier knapp 1,4 Milliarden Fahrgäste bewegt. In dieser Zeit legten die Züge insgesamt eine Entfernung zurück, die etwa 40.000-mal um den Globus gereicht hätte. Die einfache Stre-

Ein alter Bekannter? Die Shanghai-China Railways Highspeed CRH380D-Zefiro-Serie aus Nanjing kommend bei der Einfahrt in die Shanghai Railway Station. Neben dieser Gattung fährt hier seit dem Jahr 2021 ein neuer intelligenter Hochgeschwindigkeitszug auf der Strecke Beijing–Shanghai. Bild: Volker Emersleben

ckenlänge misst insgesamt 1.318 Kilometer. Damit zählt sie zu den längsten Hochgeschwindigkeitsstrecken der Welt.

Sauberkeit wird groß geschrieben

Neben der Sicherheit steht unter anderem die Sauberkeit an erster Stelle. Das zeigt sich im Hongqiao High-Speed Railway Center in Shanghai, in dem die Züge täglich gewartet werden, ebenso wie in den Zügen selbst. Hier ist das Rauchen in Abteil- und den Großraumwagen selbstverständlich verboten. Dass alle Gerichte im Mikrowellen-Großofen erwärmt werden, liegt nur daran, dass der Dampf beim Garen vermieden werden soll. Entlang der Strecke, an der in der Hochphase 135.000 Menschen gleichzeitig arbeiteten, wurden 24 gigantische neue Bahnstationen gebaut, denn für manche Verbindungen sind tatsächlich Zwischenstopps vorgesehen. Und damit bei diesem Imageprojekt, mit dem im Jahr 2008 begonnen wurde, auch wirklich nichts passiert, wurde die Strecke härtesten Sicherheitsprüfungen unterzogen. Zwischen Peking und Shanghai fuhren in dieser Zeit rund 6.000 Leerzüge zu Testzwecken hin und her. Darin zeigt sich der Ehrgeiz des Landes: Die Strecke ist nur ein Teil eines Hochgeschwindigkeitsnetzes, welches das Land durchziehen und in seiner Größe noch deutlich weiter ausgebaut werden soll.

Dass diese gewaltigen Baumaßnahmen weitreichende Folgen haben, darf nicht unterschätzt werden. Die Trassen verändern die Landschaft, die

Dieser Zugkopf macht seinem Namen alle Ehre: der »Bullet Train« CRH-2 380A der China Railway High-Speed (CRH). Bild: Alancrh, CC-BY-SA-3.0

Wusssten Sie schon?

Die Serie des CHR 380 sieht dem deutschen ICE ähnlich. Doch der Velaro aus dem Jahr 2005 bildet nur die Plattform für den chinesischen Zug. Sein Antrieb ist deutlich stärker und er ist schneller. Auch in der Breite hat der Zug zugelegt: Hier misst er 30 Zentimeter mehr. Bei einer Länge von 400 Metern bietet er aktuell 1.043 Sitzplätze und damit mehr als doppelt so viele wie der Velaro. Bei der Spitzengeschwindigkeit macht man jedoch Abstriche, denn ein zu hohes Tempo rechnet sich nicht. Bei 300 Kilometern in der Stunde wird ein Fünftel weniger Strom verbraucht als bei 350. Auch bei den Rädern geht der Materialverschleiß zurück: Sie halten dreimal so lang.

einst von Reisfeldern und Fischteichen geprägt war. Allerorts schießen regelrecht neue Ansiedlungen aus dem Boden, die mit Zufahrtsstraßen, Brücken und Autobahnen verbunden werden wollen. Und die Hochgeschwindigkeitszüge? Hier rechnen Verkehrsplaner mit einem enormen Zuwachs an Fahrgästen. Mehr als 80 Millionen pro Jahr sollen das sein. Über 100 Zugsysteme sind dazu im Einsatz – nonstop versteht sich. Zwischen 7:00 und 23:30 Uhr steht die Verbindung täglich zur Verfügung.

Brückenbauwerke wie diese ziehen sich durch weite Teile des Landes. Den meisten sieht man ihr Alter in diesem Moment deutlich an: Die zweigleisige Hochgeschwindigkeitsstrecke wurde eben erst fertiggestellt! Bild: Stefan Friesenegger

Symbol des Widerstands

72

Eisenbahn der Ukraine – zuverlässig trotz Krieg

Die ukrainische Eisenbahngesellschaft, kyrillisch »УЗ«, ist Rechtsnachfolger der Sowjetischen Eisenbahnen. Sie entstand nach dem Zerfall der einstigen Sowjetunion und umfasst auf dem ukrainischen Staatsgebiet eine Gleislänge von rund 22.000 Kilometern. Etwas weniger als die Hälfte ist elektrifiziert, was die beinahe doppelte Anzahl an Diesellokomotiven gegenüber den elektrisch betriebenen Lokomotiven erklärt. Die Spurweite von 1.520 Millimetern ist hier der Regelfall, doch es gibt auch schmal- und normalspurige Strecken.

Mit Beginn der Kampfhandlungen und der Annexion der Krim durch Russland sowie den zahlreichen schweren Zerstörungen wurde der Schienenverkehr in vielen Teilen beeinträchtigt oder sogar eingestellt. Doch die Eisen-

Der im Jahr 1904 erbaute Bahnhof Lwiw (Lemberg) ist der Fernbahnhof der Ukraine. Das Empfangsgebäude ist ein Baudenkmal. Die Anlage besteht aus zwei Flügeln im Stil des Neoklassizismus mit Dekorationselementen des Jugendstils. Sie wird in der Mitte durch eine Kuppel aus Stahl betont. Auch die Endpavillons der beiden Flügel besitzen jeweils eine kleinere Kuppel. Bild: Volker Emersleben

bahn ist hier als ein Symbol des starken Widerstandswillens zu sehen! Trotz andauernder russischer Luftangriffe hält die Eisenbahngesellschaft ihren Betrieb eisern am Laufen. Aufgrund des anhaltenden Krieges wächst die Bedeutung der Bahn mit jedem Streckenkilometer. Mobile Reparaturtrupps sind unablässig im Einsatz. Sie sorgen dafür, dass ein nach einem Raketenbeschuss zerstörter Abschnitt wieder befahrbar ist. Bereits vor dem Krieg spielte die Eisenbahn in diesem Land eine große Rolle. Im Personenverkehr bewältigte die Bahn pro Jahr etwa 500 Millionen Fahrgäste. Im Güterverkehr waren das im gleichen Zeitraum rund 300 Millionen Tonnen. Inmitten des Krieges hat sich diese Situation kaum verändert, vielmehr verlagert. Jetzt ermöglicht die Eisenbahn unzähligen Menschen die Flucht aus dem Land. Das gilt vor allem für die vielen armen Menschen, denen kein anderes Transportmittel zur Verfügung steht. Für sie ist es oftmals die einzige Möglichkeit, den russischen Angriffen zu entfliehen.

Andere wiederum kehren zurück in die Städte. Nach monatelanger russischer Besatzung konnte die Stadt Cherson zurückerobert werden. Bald war auch die Strecke von Kiew wieder hergestellt. Jetzt konnte der »Siegeszug« wieder Menschen und damit auch Leben in die Heimat zurückbringen. Ein weiterer wesentlicher Vorteil einer funktionierenden Eisenbahn liegt darin, das Militär und die Truppen zu versorgen. Und wieder einmal leistet die Eisenbahn in den Tagen des Krieges einen enormen Beitrag hierbei.

Der Ukraine-Krieg und Chinas »Neue Seidenstraße«

Wie es weitergehen soll, ist eine Frage, die in diesen Tagen viele beschäftigt. Davon sind auch viele Pläne wirtschaftlicher Natur betroffen – auch die »Neue Seidenstraße«. Angesichts der EU-Sanktionen sucht man auf beiden Seiten nach neuen Routen und Ausweichmöglichkeiten. Auch China ist an einer Lösung interessiert.

Aufgrund der politisch außerordentlich brisanten Lage sind unterschiedliche Transport- und Logistikakteure zu einem Umdenken in Bezug auf die »Neue Seidenstraße« regelrecht gezwungen. Die Hauptverbindungsachse zwischen der Europäischen Union und China durch die russische Infrastruktur ist aber derzeit die mit Abstand beste Lösung. Diese Strecke über Małaszewicze an der Grenze zu Belarus, in dessen Ausbau milliardenschwere EU-Fördermittel und Regierungsgelder geflossen sind, führt weiter über Moskau nach Jekaterinburg in Sibirien und teilt sich im Verlauf in Richtung Kasachstan zur Grenze nach China. Der andere Zweig führt weiter nach Irkutsk am Baikalsee bis zum chinesisch-russischen Grenzübergang Zabaikalsk, bei dem ein Transport- und Logistikkomplex für Eisenbahn-Güterwagen nach China eröffnet wurde. Auf diesem Transportweg werden fast

70 Prozent der Güter aus China und über 80 Prozent der Güter aus der Europäischen Union in Richtung China befördert. Dieser durch russisches Territorium verlaufende Nordkorridor stellt die Hauptverbindungsachse zwischen der EU und China dar. Die Fahrtzeit beträgt auf der Strecke im Durchschnitt 14 Tage. Ein Containerschiff würde etwa die doppelte Zeit benötigen. Auch wenn am Grenzübergang Małaszewicze bereits die Kapazitätsgrenzen erreicht wurden, gilt dieser Transportweg nach wie vor als unerreicht. Nun muss von vielen Seiten an den Möglichkeiten bezüglich neuer Transportwege gearbeitet werden.

Was jedoch zunächst bleibt, ist das politische Kalkül Chinas in Verbindung mit seinem strategischen Partner in Moskau. Andererseits spielt die globalisierte Wirtschaft des Westens anderen Staaten, wie etwa dem Iran oder der Türkei, in die Karten. Sie wissen die geopolitische Situation und die daraus entstehende Abhängigkeit für sich zu nutzen. Die europäische Politik und zahlreiche Logistikunternehmen entwickelten bereits alternative Routen. Da China für den Transport von Produkten nach oder aus China unverändert die Eisenbahn präferiert, werden diese Möglichkeiten auch von Seiten Chinas geprüft. Neben der bisherigen Route stehen im Wesentlichen der sogenannte Mittelkorridor und der Südkorridor in der engeren Wahl.

Im äußerst gepflegten Bahnhof Lwiw: Die M62 - 1439, in Deutschland als »Taigatrommel« bekannt, rollt zu ihrem Personenzug. Bild: Volker Emersleben

In Iwano-Frankiwsk, der Gebietshaupt- und Universitätsstadt der Westukraine, steht der Regionalzug mit einer »Taigatrommel« M62 als Zuglok im Zugverband als Dieseltriebzug der Baureihe DPL1. Bis 1962 trug die Stadt noch den deutschen Namen Stanislau. Bild: Volker Emersleben

Für Dreharbeiten zu einem historischen Film durfte die betriebsfähige Dampflokomotive L 3535 im Bahnhof von Lwiw auftreten. Daneben ein Triebwagen für den Nahverkehr. Bild: Volker Emersleben

Selbstgemachtes am Gleis

Essen und Trinken als Reiseabenteuer

73

An vielen Bahnsteigen dieser Erde wird Essbares angeboten, oftmals auch auf eine für uns befremdliche Art und Weise. Dabei handelt es sich aber nicht um Imbisse, Kioske oder Fastfood-Anbieter. Auch eine Pommes-Bude würde man hier vergeblich suchen! Dort, wo wir alles x-fach verpacken, damit auch wirklich keine Keime oder anderes Ungewollte hineingelangt, sieht das an vielen Orten ganz anders aus. Überraschenderweise passiert gerade dort am wenigsten. Das selbstgemachte Essen der Einheimischen ist meistens frisch und – auch wenn es hin und wieder nicht so aussieht – von hervorragender Qualität.

Da kann es schon einmal passieren, dass ein Anbieter ein rohes Fleisch, in einer einfachen Plastiktüte verpackt, ohne eine Spur von einer Kühltasche am Boden eines Bahnsteigs liegen hat, um es sobald den Fahrgästen des nächsten Zuges anzubieten. An manchen Strecken wird an fast jedem Halt etwas angeboten. Hungrige strecken ihre Arme einfach aus den Fenstern der Wagen und greifen in die hochgereichten Teller voller Früchte, Gebratenem oder Gemüse. Was der- oder diejenige davon herunternimmt, spielt dabei in vielen Fällen nicht einmal eine Rolle. Vor allem in Südamerika, Afrika, Indien, China oder dem Inselstaat vor der afrikanischen Südostküste, Madagaskar, wird Essbares auf diese Weise angeboten. Auch auf der Route der Transsib wird so manches feilgeboten. Das ist auch gut so, denn eine solche Zugreise kann lang dauern, selbst für einen eingefleischten Eisenbahnfan.

Zudem sind diese angebotenen Waren deutlich günstiger, als in den wenigen Kiosken am Bahnsteig oder in den Speisewagen selbst, zumal diese nur in bestimmten Regelzügen anzutreffen sind. Hier sollte also jeder Reisende berücksichtigen, dass es auch Züge ohne Verpflegung gibt. Bei Sonderzügen muss das vor Antritt der Reise individuell geprüft werden. Auf eines ist jedoch regelmäßig Verlass: Einen Samowar mit heißem Trinkwasser findet man in fast jedem Zug! Daher gilt: Teebeutel oder Instant-Nudelsuppen einpacken – für so manch einen ist das der Reiseproviant Nummer eins. Wer hingegen einen russischen Klassiker wie etwa Soljanka oder Borschtsch vorzieht, kann von etwa 350 Rubel ausgehen. Einen Wermutstropfen gibt es allerdings auch: Außer im Speisewagen herrscht in der Transsibirischen Eisenbahn Alkoholverbot!

Sie warten schon auf den nächsten einfahrenden Zug. Um ein wenig Geld zu verdienen, bieten viele Bauern oder kleine Händler, vor allem aber auch Hausfrauen ihre Waren an, wie hier zwischen Wolgograd und Saratov. Bild: Volker Emersleben

Auch wenn alles gerne mal nur am Boden liegt, es sieht frisch und knackig aus. Und das ist es auch! Zudem stimmt der Preis. Hier darf maximal von einem Zehntel des Preises ausgegangen werden, wie er in einem Kiosk oder in den Zügen selbst verlangt wird. Bild: Volker Emersleben

Kesselfrisch

74

Wenn Loks zum Starkoch werden

Wer das Feuer seiner Lokomotive unterhalten muss oder als Lokführer auf einer Dampflokomotive tätig ist, kommt in den Genuss zahlreicher Vorzüge. Ein wahrlich nicht alltäglicher Genuss ist dabei die Zubereitung von Speisen. Ob Spiegelei, Schaschlik, Würstchen, Pizza oder sogar ein ganzer Eintopf, eine alte Dampflok kann eben auch gut kochen!

Kurz die Kohlenschaufel säubern, etwas Öl – wenn möglich Speiseöl – auf das Schaufelblatt geben und über der Glut in der Feuerbüchse erhitzen. Hier lassen sich tatsächlich die schönsten Gerichte zubereiten. Nur sollte immer darauf geachtet werden, das Schaufelblatt nicht zu weit hinten am Stiel zu erhitzen. Auch wenn Stil und Blatt verschraubt oder verstiftet sind, kann sich das Blatt irgendwann lösen und Mahlzeit sowie Schaufelblatt verabschieden sich in die Feuerbüchse. Diese oder ähnliche Arten der Zubereitung von Speisen gibt es so lange, wie es Dampflokomotiven gibt. Ernährungsbewusste Zeitgenossen lehnen diese Art der Zubereitung allerdings ab, da sich zu viel Kohlepartikel, also gesundheitsschädliche Stoffe, in der Nahrung befinden. Uns Eisenbahnliebhabern jedenfalls schmeckt es – Mahlzeit!

Bei einer Dampfrundfahrt garte sich die Mannschaft beim Mittagshalt in Filisur eine Zwischenverpflegung. Jetzt fehlt nur noch das Bier! Bild: Herbert Graf

Die Höhlen des Oman

Auf schmalen Gleisen unterwegs

Der Zufall bringt vieles zutage, unter Umständen auch eine Höhle. Ein Hirte auf der Suche nach seiner Ziege soll es hier gewesen sein. Wir befinden uns im südlichen Ausläufer des Jebel Akhdar im Hajar-Gebirge im Oman. Die Al-Huta-Tropfsteinhöhle wurde in den 1970er-Jahren entdeckt und gilt als das zweitgrößte Höhlensystem im Oman. Bis heute wurden fünf Kilometer der Höhle erforscht. Dass die erste Schauhöhle der Golfstaaten seit dem Jahr 2006 auch für Besucher zugänglich ist, ist auf die Initiative des omanischen Ministeriums für Tourismus zusammen mit dem Naturhistorischen Museum in Wien zurückzuführen.

Die Besucheranzahl der für den Oman bedeutenden Touristenattraktion ist am Tag auf 750 Personen beschränkt, um das Ökosystem nicht zu sehr zu gefährden. Am Besucherzentrum neben dem Geologie-Museum rückt auch die Eisenbahn ins Geschehen. Die erste Eisenbahn des Oman kann mit jeder Fahrt maximal 36 Personen zum Höhleneingang bringen. Etwa eine Stunde dauert die Führung im Höhlensystem mit seinen Kalksteinformationen und den unterirdischen Wasserläufen.

Hier herrschen extreme klimatische Bedingungen. Der Bahnhof in der Nähe des höchsten Berges des Oman, dem Dschabal Schams mit seinen rund 3.000 Höhenmetern, liegt etwa 250 Kilometer von der Hauptstadt Maskat entfernt. Bild: Volker Emersleben

Die rote Eidechse

76 Staub, Atlas und Smith & Wesson

Die Geschichte des Lézard Rouge beginnt in den Werkstätten von Blanc-Misseron und Dyle et Bacalon in Bordeaux. Nach Fertigstellung der Wagen wurde er an den Bey von Tunis ausgeliefert und verkehrte fortan unter seiner Regierung. Von der Compagnie fermière des chemins de fer tunisiens wurde er 1922 auf die für Tunesien typische Meterspur umgebaut. Ein Wagen war für den Bey vorgesehen, ein weiterer für die Angehörigen des Hofes. Hinzu kamen zwei Begleitwagen als auch ein Speisewagen.

Doch bis zur Museumseisenbahn sollten noch viele Jahre vergehen. Sein Umbau auf die Meterspur brachte ihm viel Luxus ein. Fortan konnte mit ihm komfortabel zwischen polierten, hölzernen Vertäfelungen mit Intarsien, edlen Bodenbelägen und geschliffenen Spiegeln gereist werden. Es handelte sich zudem um einen Salonwagen, in dem nicht nur die Herrscher selbst reisten, sondern auch regelmäßig Gäste aus dem Ausland mitnahmen. Als 1956 schließlich die Unabhängigkeit des Landes eingeläutet wurde, wurden die Wagen eingemottet: Sie wurden in jenen Tagen als Symbol der kolonialen Monarchie gesehen. Mitte der 1970er-Jahre erblickte der

Wenn das Dieselgewitter verhallt, handelt es sich um einen von drei Fotostopps. Dann heißt es Beine vertreten, fotografieren und rechtzeitig wieder am Zug sein. Es ist durchaus ratsam, sich nicht zu weit zu entfernen! Bild: Picture Alliance

Zug erneut das Tageslicht und wurde als Museumseisenbahn mit dem Namen Lézard Rouge in Dienst gestellt. Seit seiner technischen Überholung im Jahr 1984 fährt der für diese Region ungewöhnlich exklusive Zug nur noch auf einer Streckenlänge von 16 Kilometern. Die Reise beginnt in Metlaoui, führt hinein in das Atlasgebirge, einem eher jüngeren Faltengebirge durch Fels- und Flusslandschaften sowie einige, meist naturbelassene Tunnel und endet schließlich bei Redeyef.

Durch eine faszinierende Schlucht

Dabei werden die Oasen Chebika, Tamerza und Midès durchfahren.

Die Selja-Schlucht, die mit einer Geschwindigkeit von 25 km/h durchfahren wird, stellt dabei sicherlich eine Besonderheit dar. Aktuell besteht der Zug aus sechs Wagen. Die Strecke wird leider auch von den schweren Zügen der Phosphatfabriken genutzt, die täglich mehrere tausend Tonnen Phosphat zwischen Metlaoui und der Phosphatwäscherei Kaf Eddour transportieren. 2017 musste die Strecke aufgrund von Unterspülungen gesperrt werden. Seit 2022 steht sie dem Touristenzug wieder zur Verfügung. Der von einer Diesellokomotive der tunesischen Bahngesellschaft SNCFT gezogene Zug wird auch heute noch von einem Posten begleitet. An seiner Hüfte ein alter, jedoch geladener Smith & Wesson-Revolver vom Kaliber .38.

Erstaunlich: Die karge Landschaft ist voller Leben! Neben etwas Bewuchs krabbelt es an etlichen Stellen. Hier ist also nicht nur mit »Roten Eidechsen« zu rechnen. Bild: Picture Alliance

Marokko und die Bahn

77

Mit Hochgeschwindigkeitszügen in die Zukunft

Bereits Mitte des 19. Jahrhunderts existierten Pläne zum Bau einer Bahn in Marokko. Heute gehört das Eisenbahnnetz im nordafrikanischen Staat zu den modernsten und bestausgebautesten auf dem afrikanischen Kontinent.

Abhängig vom Ausbau der Strecken werden die Züge mit Diesel- oder bereits mit elektrischer Traktion bewegt. Besonders im letzten Jahrzehnt hat das normalspurige Schienennetz in Marokko deutlich zugenommen und es wird weiter ausgedehnt. Ein Großteil davon ist bereits elektrifiziert, etwa ein Drittel ist mittlerweile zweigleisig. Seit 2018 verbindet die schnellste Strecke Afrikas mit einer Fahrtzeit von nur einer Stunde die Städte Tanger mit Rabat. Die erste Hochgeschwindigkeitsstrecke auf dem Kontinent bindet seit 2022 auch die 350 Kilometer entfernte Wirtschaftsmetropole Casablanca an. Die Strecken der Atlantiklinie werden mit neuen französischen TGV-Zügen befahren. Frankreich hat sich an der Finanzierung des Streckenbaus mit etwa der Hälfte beteiligt. Der Ausbau der Strecken verhalf dem Land zudem zum Bau neuer oder der Renovierung alter Bahnhöfe. Schließlich soll doch Marokko in naher Zukunft zu einem Transport-Drehkreuz Afrikas werden.

Die E-1403 mit dem 15104/15023 in Marrakesch. Aktuell rechnet die ONCF mit rund zwei Millionen Passagieren pro Jahr. Bild: Andreas Hackenjos

Wo der Pfeffer wächst

78

Luftfederung der anderen Art

Zu den bekanntesten luftbereiften Schienenfahrzeugen dürften die U-Bahnen in Paris zählen. Es gibt jedoch noch weitere Beispiele. Der Ursprung dieser außergewöhnlichen Bauart liegt in den 1930er-Jahren. Michelin entwickelte sie für Leichttriebwagen. Ihr Vorteil liegt im schnellen Anfahren und Bremsen und ganz nebenbei wirkt sich diese Bereifung bei einer Bahn auch federnd aus und erhöht somit den Fahrkomfort. Dafür ist die Abnutzung im Verhältnis zu den Stahlrädern hoch.

In den ersten Jahren ihrer Entwicklung konnte mit der Form der »Bereifung« bei einer Testfahrt sogar eine Durchschnittsgeschwindigkeit von deutlich über 100 Kilometern in der Stunde erreicht werden. Spätere Fahrzeuge wurden unter anderem in den französischen Kolonien wie Indochina, Afrika oder auf Madagaskar eingesetzt. Hier ist noch ein betriebenes Fahrzeug, es handelt sich um den Fandrasa-Triebwagen Typ-51, anzutreffen. Es ist ein fahrendes Museumsstück, eine große Attraktion für den Tourismusverkehr und kann sogar privat angemietet werden. Ein weiterer gummibereifter Triebwagen ist im Museum »L'Aventure Michelin« in Clermont-Ferrand ausgestellt.

Eine revolutionäre Erfindung aus den 1930er-Jahren, deren Name auf den französischen Reifenhersteller Michelin zurückzuführen ist. Bild: Gilles Lenhard

Eritrean Railway

Einzigartig und spektakulär

79

Mit einer Durchschnittsgeschwindigkeit von 19 Kilometern in der Stunde dampfen die Züge den Steilhang hinauf bis auf eine Höhe von etwa 2.200 Metern über dem Meeresspiegel – genau die richtige Geschwindigkeit, um diese außergewöhnliche Fahrt genießen zu können. Die Eritrean Railway bietet dazu ganz spezielle Fahrten mit restauriertem Wagenmaterial und Dampf-, aber auch Diesellokomotiven an.

Das Militär als Auftraggeber

Mit dem Bau einer Schmalspurbahn in einer Spurweite von 750 Millimetern wurde im Herbst 1887 begonnen. Auftraggeber und Ausführender war das italienische Militär für die Kolonie Eritrea, die zu diesem Zeitpunkt erobert worden war. Die Bahn sollte vor allem als Versorgungsweg für den Transport von Rohstoffen aus Eritrea zu den Armeestellungen dienen und war zunächst eine reine Militärbahn. Die rund 27 Kilometer lange Strecke führte von der Hafenstadt Massaua zur Festung Saati. Geplante Verlängerungen für einen Anschluss an die Schienennetze im Sudan

Eritrean Railways steam train special mit 442.55 und 442.56 zwischen Shegerini und Asmara auf rund 2.200m ü.M. Die Strecke als auch die verwendeten Kunstbauten sind spektakulär. Bilder: Herbert Graf

und in Äthiopien wurden jedoch verworfen, da die Kolonialverwaltung verlegt und die Verantwortlichkeit der Bahn fortan als Zivilverwaltung geführt werden sollte. Damit wurde zugleich die Bahnstrecke auf die in Italien übliche Schmalspur von 950 Millimetern umgespurt. Im Dezember 1911 erreichte die Bahnstrecke Asmara. Aufgrund der schwierigen geografischen Bedingungen sollte es noch bis in das Jahr 1932 dauern, bis schließlich die Endstation Biscia erreicht werden konnte. Zahlreiche Kunstbauten, wie Galerien, Tunnel und Viadukte mussten auf der kurvenreichen, 343 Kilometer langen Strecke errichtet werden. Pro Woche verkehrten in jenen Tagen drei Personenzüge in jede Richtung.

Mit den Vorbereitungen auf den Italienisch-Äthiopischen Krieg gewann die Bahn stark an Bedeutung und stieß bald an ihre Grenzen. Mit beinahe 30.000 Beschäftigten wurde sie zum größten Arbeitgeber des Landes. Doch mit der Niederlage Italiens 1941 im Ostafrikafeldzug kam das Ende der Bahn. Fortwährende Unruhen ließen den Betrieb nicht mehr richtig auf die Beine kommen. Heute jedoch ist Eritrea ein Traumland für Eisenbahnliebhaber. Noch immer stehen hier Dampflokomotiven aus der italienischen Kolonialzeit im Dienst. Und sie sind fahrtüchtig! Vor allem aber die Strecke ist spektakulär. Sie führt über die Berge bis Massawa am Roten Meer. Auch wenn es für die Fahrten hin und wieder an Kohle mangelt, das rollende Material nicht gerade im besten Zustand und der Oberbau der Schienen reparaturbedürftig ist, die Dampffahrten sind seit Jahren ausgebucht.

Die Lokomotiven 442.56 und 442.55 der Eritrea Railway kämpfen sich am Devil's Gate oberhalb Shegerini am Hang entlang.

Nichts für schwache Nerven!

80 Abenteuerliche Eisenbahnbrücken

Indonesien bietet vieles. In der kulturellen Vielfalt Jakartas, der Hauptstadt des Landes, lassen sich auch europäische Einflüsse finden. Beeindruckend sind für Eisenbahnliebhaber vor allem die Bahnen, wenn sie das Gewusel der Metropole verlassen und in eine Landschaft aus endlosen, üppigen Wäldern und grünen Reisfeldern eintauchen. Was hier beinahe selbstverständlich ist, sind plötzliche Änderungen des Zugfahrplans, restlos überfüllte Züge, eine tropische Hitze und einspurige Eisenbahnbrücken, die nicht selten auch von Menschen überquert werden, obwohl es hier keinen Fußgängerweg gibt. Oftmals kommt gerade dann ein Zug, wenn ein Bauer mit großen Lasten auf seinen Schultern die Brücke überquert. Doch regelmäßig schaffen sie es, sich in einen der wenigen Sicherheitsvorsprünge zu retten, bevor der Zug sie erreicht.

Etwas über zweieinhalb Stunden dauert die einfache Fahrt von Jakarta nach Bandung, der »Stadt der Blumen« im Landesinneren. Die Fahrt ist überaus abenteuerlich. Die Wagen sind überfüllt, viele Mitfahrende sitzen auf ihren Säcken mit Reis, andere hängen aus den offenen Türen und die Brücken über die tiefen Täler weisen zwischen den Schwellen deutlich sichtbar weite Lücken auf.

CC 203 08 überquert die Talbrücke auf dem Weg von Jakarta nach Bandung. Wer eine solche Brücke zu Fuß überqueren will, braucht Mut, denn die Ausweichmöglichkeiten auf der Brücke liegen weit auseinander. Bild: Hans-Peter Waack

Tausende Kilometer Luxus

81

Der Eastern and Oriental Express

LVMH Moët Hennessy – Louis Vuitton SE ist ein börsennotierter, weltweiter Branchenführer in der Luxusgüterindustrie. Zu diesem Konzern gehört neben vielen weiteren Marken seit 2018 auch die Belmond Ltd., von der seit 1993 ein außergewöhnlicher Luxuszug zwischen Thailand, Malaysia und Singapur betrieben wird: der Eastern and Oriental Express. Die ursprüngliche Strecke umfasst 2.030 Kilometer. Doch seit 2007 verkehrt dieser Zug auch zwischen Laos und Bangkok und überquert auf dieser Route zudem den Mekong.

Auch wenn die Wagen umgebaut wurden und verschiedene Kabinenklassen bieten, von denen zwischen der Pullman Superior, der State Cabin, oder der Presidential Suite gewählt werden kann, ist eine Menge Sitzfleisch gefragt. Für die Strecke von Singapur nach Bangkok dürfen drei Tage und zwei Nächte eingeplant werden. Die Wagen, die ihren Ursprung in den frühen 1970er-Jahren haben, wurden von der Kapspur auf die für diese Region übliche Meterspur umgespurt und generalsaniert. In diesem feuchtheißen tropischen Klima mit etwa 90 Prozent Luftfeuchte und über 30 Grad Celsius ist jeder Fahrgast vor allem für die vollklimatisierten Kabinen dankbar.

Hier wird unverändert der Token als Zugsicherungssystem benutzt. Die üblicherweise 22 Wagen werden von der Lokomotive 24 104 gezogen. Bild: Hans-Peter Waack

Israel Railways

82 Alte Bekannte aus Deutschland

Der Ursprung der Eisenbahn in Israel liegt über 130 Jahre zurück. Bereits 1892, das Land lag noch in osmanischer Hand, wurde eine erste Strecke zwischen Jerusalem und Jaffa eröffnet. Heute wird die Bahn ausschließlich von Israel Railways (ISR), der staatlichen israelischen Eisenbahngesellschaft mit Sitz in Tel Aviv-Jaffa, betrieben. Ihre Gründung erscheint dagegen noch relativ jung: sie erfolgte im Jahr 2003.

Durch die rasch steigende Zahl der Einwohner, aber auch der Besucher, wird und wurde bereits massiv in die Verlagerung auf die Schiene investiert. Auch wenn das bestehende Busliniennetz gut ausgebaut ist, reicht es bei weitem nicht aus. Auf den Schienen sind inzwischen zahlreiche Lokomotiven aus dem Hause Vossloh anzutreffen. Diese überaus starken dieselelektrischen Lokomotiven finden ihren Einsatz im Personen- als auch im Güterverkehr. Neben dem vierachsigen EURO 3000 sind überwiegend sechsachsige EURO 4000 im Einsatz, die dank ihrer hohen Kraftstoffkapazität eine Reichweite von über 2.000 Kilometern erreichen. Vielerorts stehen auch Elektrotriebzüge von Siemens im Dienst.

Alte Bekannte? Eine Vielzahl von Baugruppen und Einzelteilen des Wagenkastenrohbaus für die Doppelstockwagen stammen vom Hersteller Bombardier Transportation GmbH aus dem Werk Görlitz. Bild: Rico Emersleben

Kunst am Bahnsteig

– zur Verkürzung der Wartezeit

83

Nicht jedem gefällt es, doch die große Mehrzahl der Wartenden findet Freude an den Skulpturen, die einige Bahnsteige in der Schweiz zieren. Ein Beispiel bietet »Die Reisende« am Bahnhof in Thusis im Kanton Graubünden. Hier handelt es sich um eine Bronzeskulptur des Künstlers Robert Indermaur. Sie scheint auf einen Zug zu warten, sitzt am Bahnsteig, steigt jedoch nie ein. Ein weiteres Beispiel bilden die Skulpturen am Bahnhof Malans. Der Bahnhof der Gemeinde in der Region Landquart des Kantons Graubünden kann gleich mit einer ganzen Ansammlung von Skulpturen aufwarten.

Peter Leisinger ist der Künstler, dessen Stil unverwechselbar ist. Lebhaft und echt wirken die Figuren, die er mit einer Motorsäge aus Nadelhölzern gesägt und mit einem wasserlöslichen Autolack koloriert hat. Etwa 20 dieser Figuren stehen am Bahnhof von Malans. Darunter spielende Kinder, Winkende oder Geschäftsleute. Leisinger ist ehemaliger Psychiater. Es verwundert daher nicht, dass er sich allen möglichen Themen zuwendet, auch der Not der Flüchtenden, die er figürlich ins richtige Blickfeld rückt. Doch neben den ernsten Themen lässt er mit der Motorsäge auch seinem Schalk freien Lauf.

Der RE1334 aus St. Moritz mit Ge 4/4 II 623 »Bonaduz« rauscht durch Malans. Die Parade von Skulpturen aus Nadelholz sieht begeistert zu. Bild: Herbert Graf

Schienenkunst

Die Eisenbahn als omnipräsentes Symbol

84

Die Eisenbahn galt von Anbeginn als das Symbol für die Veränderung der Wahrnehmung von Raum und Zeit. Als technische Innovation zieht sie auf der ganzen Welt Menschen an. Sie ist schließlich omnipräsent. Motive der Eisenbahnen fanden natürlich auch in der bildenden Kunst des frühen 19. Jahrhunderts ihren festen Platz. Ob Turner, Chamisso, Kerner oder Menzel, sie alle haben sich künstlerisch mit der wissenschaftlich-technischen Entwicklung auseinandergesetzt. Carl Spitzweg fand mit »Gnom, Eisenbahn betrachtend« auf seine Weise einen Zugang zur Bahn. Immerhin: Das war 1848!

Im Grunde genommen hat sich nicht viel verändert. Noch immer zieht die Eisenbahn weltweit Menschen an und begeistert sie. Auch wenn sich die künstlerische Gestaltung anders darstellt, schwingt ex abrupto der einstige Erfindergeist mit. Maler sind seltener geworden. Heute sind es vor allem Fotos, die sich vordergründig auf andere Themen beziehen, auf denen jedoch die Eisenbahn als Dekoration ebenso populär erscheint wie einst. Die Bahn wurde damit zur Location, ob für Aktaufnahmen, Designdarstellungen, Partys oder als Hintergrund für künstlerische Darbietungen.

Bewusst ausgesucht: Das 58 Meter hohe und 285 Meter lange Viadukt von Morlaix bildet die perfekte Kulisse für eine Oldtimershow. Bild: Herbert Graf

Rollende Plakatwände

85

Die Werbung und ihr Wirkungsgrad

Was veranlasst die Bahn, eine Werbung auf ihre Wagen aufzubringen? Ein Eisenbahnzug wird glücklicherweise, ob aus Respekt oder aus Interesse an der Bahn, noch immer registriert. Und mit ihm natürlich die Werbung auf den Flächen der Wagen. Schließlich ist die Werbung allgegenwärtig – sie wird wahrgenommen, ob wir das wollen oder nicht. Was auf Straßenbahnen schon lange vollkommen normal ist, gilt zweifelsfrei auch für Züge.

Mobile Werbeflächen erzielen einen enormen Wirkungsgrad. Als bewegliche Plakatwand sind heute unzählige Wagen auf den Gleisen der DB unterwegs, die meisten jedoch werden noch immer von »Fremden« in Auftrag gegeben. Doch die Bahn zieht nach und nimmt immer häufiger die Seitenflächen ihrer Wagen oder Lokomotiven als Werbefläche in Anspruch. Sie transportiert ihre Werbung im wahrsten Sinne des Wortes durch die Welt. Dabei ist diese Form der Werbung vergleichsweise preiswert und bietet zudem ungeahnte Gestaltungsmöglichkeiten.

Wussten Sie schon?

Dass die Bruttowerbeaufwendungen der Deutschen Bahn AG in Deutschland in den einzelnen Werbemedien allein im Jahr 2021 bei über 103 Millionen Euro lag?

Güterwagen Haik in Ilanz, Graubünden, mit einem Werbebild der Ge 6/6 II 703 »St. Moritz« auf dem Landwasserviadukt. Werbung für eine Schweizer Bahn. Bild: Herbert Graf

Die Wucht alter Bilder

Zeitzeugen für Eisenbahnliebhaber

86

Eine Vielzahl der Eisenbahnliebhaber interessiert sich für frühere Epochen. Das ist sicher keine große Neuigkeit – auch nicht, dass sich viele von ihnen an alten Fotos erfreuen. Auch Modellbauer bedienen sich ihrer, wenn sie eine originalgetreue Anlage bauen wollen. Doch von diesen alten Bildern geht weit mehr aus, fast möchte man von einer Magie sprechen. Auf ihnen zeigen sich Eisenbahnen, wie sie schon lange nicht mehr existieren. Die Bilder zeigen Landschaften, bevor sie mit Siedlungen zugebaut oder von Autobahnen zerschnitten wurden.

Hinzu kommt für die Romantiker, und die meisten Eisenbahnliebhaber sind Romantiker, dass es in den frühen Jahren noch deutlich mehr Schnee gab. Heute sind diese Bilder wertvolle und teils unbezahlbare Zeugen jener Zeit, der wir mit wenigstens einem weinenden Auge nachtrauern. Natürlich weisen die meisten der Bilder kleine Beschädigungen auf. Dazu gehören Knicke, kleine Flecken oder Kratzer. Schließlich handelt es sich ja um

Die 10929 E10 1308 bei der Durchfahrt in Niederrad in den 1970er-Jahren. Rechts das Krokodil Be 6/8 III 13305 in Emmenbrücke, aufgenommen am 22. Oktober 1969. Bilder: Korbinian Fleischer, rechts Peter Ackermann, Collage: Stefan Friesenegger

Filme, Dias oder in einigen Fällen sogar noch um fotografische Glasplatten. Doch auch das ist es, was unsere Herzen höher schlagen lässt! Eine alte Vinylplatte knackst ja schließlich auch und gibt etwas wieder, was mit einer MP3-Datei nicht real erzeugt werden kann.

Fotoschätze

Wie viele Fotos auf die Plattformen hochgeladen werden, ist gewaltig. Beispielsweise werden allein auf Facebook täglich 300 Millionen Fotos hochgeladen! Das ist im Bereich der Eisenbahnen sicher nicht der Fall. Doch auch hier ist die Menge enorm. Im Zeitalter des Internets erleben Fotos geradezu einen Höhenflug. Doch gibt die Bilderflut zuweilen auch Rätsel auf. Der Makel dieser papierenen Schätze besteht oft darin, dass über ihren Inhalt keinerlei Informationen existieren. Sie liegen haufenweise in Museen oder bei Sammlern und geben ihren Inhalt nicht mehr preis. Damit werden weitreichende Recherchen notwendig, um den alten Fotografien doch noch so manches Geheimnis zu entlocken. Mit der Beschleunigung der Welt ist auch ein immer schnellerer Verlust des Vergangenen verbunden. Das macht uns aber auch klar, wie kostbar solche Zeugnisse sind. In einer Zeit, in der die Geschwindigkeit der Eisenbahnen stark zugenommen hat, verändern sich auch Landschaften und Lebensumstände in einer atemberaubenden Geschwindigkeit.

Der Bahnbetrieb auf der »Romantischen Schiene« in den frühen 1980er-Jahren zwischen Feuchtwangen und Dinkelsbühl. Schnee in dieser Menge ist heutzutage eher selten geworden. Bilder: Horst Schuhmacher, Collage: Stefan Friesenegger

Gigantin aus Stahl

87

Die Größte, Schwerste, Schnellste und Stärkste

»Die Gigantin ist zurück«, so schlicht beschrieb das Technische Museum Wien die Rückkehr der Lokomotive 12.10. Hinter dieser Beschreibung verbergen sich jedoch unglaublich viele Emotionen und Stolz. Schließlich ist die 12.10. die größte, schwerste, stärkste und schnellste Dampflokomotive, die jemals in Österreich gebaut wurde. Die 138 Tonnen schwere Lokomotive wurde im Jahr 1936 in der Lokomotivfabrik Floridsdorf gebaut. Mit der Länge über Puffer von rund 22.600 Millimetern und einer Leistung von etwa 1.985 kW erreichte sie eine Spitzengeschwindigkeit von 154 Kilometern in der Stunde. Damit wurde sie zur Rekord-Lok jener Tage.

In den 1930er-Jahren wurden mit den Dampflokomotiven der Baureihe 12 neue Maßstäbe gesetzt. Ihr Einsatzgebiet war die Hauptverkehrsachse Wien–Salzburg. Nun aber hat der »Lok-Star« eine Heimat im Technischen Museum Wien gefunden.

Viele organisatorische und logistische Maßnahmen waren erforderlich, um das stählerne Schwergewicht in das Haus zu bekommen. Da sie für die Einfahrt in die Museumshalle zu hoch war, mussten die Achsen ausgebaut werden. Mit ihrem Gesamtgewicht, bestehend aus Lok und Tender, ist sie das schwerste Objekt in der Sammlung des Museums. Bild: Technisches Museum Wien

Dem Bestreben, elektrische Lokomotiven einzusetzen, stand das Argument entgegen, dass dadurch viele Arbeitsplätze verloren gehen würden. Auch wenn nach dem Zerfall der Monarchie Kohle teuer importiert werden musste, setzte sich die Kohlenlobby durch. Mitte der 1920er-Jahre wurde daher der Auftrag zum Bau einer Serienlokomotive an die Lokomotivfabrik Floridsdorf gegeben. Zwischen 1932 und 1936 wurden dreizehn Lokomotiven dieser Baureihe produziert. Etwa zwanzig Jahre prägten sie das Bild auf der Strecke zwischen Wien und Salzburg. Doch ließ sich auch hier die Elektrifizierung der Strecken nicht aufhalten. In der Folge verrichteten sie noch für ein paar Jahre ihren Dienst auf der Südbahnstrecke. Im Jahr 1956 wurden sie außer Dienst gestellt und bis 1962 verschrottet. Die Nummer 10 jedoch entkam als einzige den Schneidbrennern und befand sich zunächst als museales Objekt am Franz-Josefs-Bahnhof und kam dann in das Eisenbahnmuseum Strasshof. Berechnungen zufolge hat sie in ihrem Leben etwa 24.000 Tonnen Kohle verbraucht. Heute kann die aufwendig restaurierte Lokomotive auf rund eine Million Kilometer zurückblicken. Eine Projektion der Dampflok im Maßstab 1:1 im Rahmen einer interaktiven Videoinstallation haucht ihr neues Leben ein. Hier wird ein Blick ins Innere der Lok ermöglicht und der Aufbau sowie die Funktion einzelner Bereiche erläutert. Dabei werden auch Fragen behandelt, wie schnell sich die gewaltigen Stangen der Räder bewegten, wenn die Lok mit 120 Kilometern in der Stunde unterwegs war.

Die Dampflok 12.10. ist ein neues Highlight in der Westhalle des Technischen Museums Wien. Bild: Technisches Museum Wien

Die Koningshavenbrug

Industriedenkmal und technische Schönheit

88

Einst als Drehbrücke konstruiert und errichtet, wurde die De Hef, also die Koningshavenbrug, zur Hubbrücke umgebaut. Drehbrücken erwiesen sich in vielen Fällen als Hindernis für die Schifffahrt. Dabei ist sie nicht die erste, der ein solches Schicksal widerfuhr. Ein weiteres Beispiel ist die Hubbrücke in Magdeburg, eine der ältesten ihrer Art in Europa. Auch sie wurde erst nachträglich zur Hubbrücke umfunktioniert. Die Brücke mit ihrer Gesamtlänge von 79 Metern und einer lichten Höhe von fast 47 Metern überführte einst die Bahnstrecke Breda–Rotterdam. Am 31. Oktober 1927 wurde sie als Hubbrücke nach den Vorlagen des Architekten P. Joosting auf dem Fundament und den Stützpfeilern von 1878 fertiggestellt. Die längste Stützweite dieser Fachwerkbrücke beträgt 53 Meter. Seit ihrer Schließung für die Eisenbahn im Jahr 1993 übernimmt ihre Aufgabe ein unterirdischer Verlauf der Bahnstrecke ab/bis Rotterdam Centraal. Seit dem Jahr 2000 ist die Brücke als Industriedenkmal unter Schutz gestellt, da die Einwohner Rotterdams gegen den geplanten Abriss der Brücke protestierten.

Die Koningshavenbrug von Osten. Die ehemalige doppelspurige Eisenbahnhubbrücke wird seit dem Bau eines Tunnels im Jahr 1993 nicht mehr benützt und steht heute als Industriedenkmal unter Schutz. Bild: Herbert Graf

Gefahr im Güterverkehr

89

Ein neuer Trend in den USA?

Eine neue Form der Kriminalität oder gar ein neuer Trend? Völlig zugemüllte Streckenabschnitte, auf denen Güterzüge ihre Frachtcontainer transportieren oder auch mal stehen bleiben, lassen zumindest Schlimmstes befürchten. Tatsächlich werden in den USA immer wieder Güterzüge aufgebrochen und vollkommen ausgeplündert. Was nicht weggetragen werden kann oder auch nur wertlos erscheint, bleibt einfach liegen.

Im Wesentlichen ist der US-Bundesstaat Kalifornien mit Schwerpunkt Los Angeles betroffen. Zwar sind die Frachtcontainer verschlossen, doch das ist für die Diebe kein Problem. Die Pakete werden aufgerissen und ausgeräumt, Plastikverpackungen und Kartons bleiben zurück und säumen die Strecken. Bilder wie nach einer Katastrophe bieten sich hier. Teilweise fallen auch noch nicht geöffnete Kartons aus den vorbeifahrenden Zügen. Die aufgebrochenen Containertüren bleiben kurzerhand offen und die Waren purzeln heraus. Die Polizei und Mitarbeiter von Union Pacific versuchen die Diebe zu fassen, doch in der Regel sind sie erfolglos. Was früher Goldbarren und Dollar waren, sind heute Pakete von Versandhändlern.

Ein völliges Chaos. Die Diebe haben ganze Arbeit geleistet und so gut wie nichts zurückgelassen. Die Gleise sind teilweise so zugemüllt, dass bereits ein Zug entgleist sein soll. Bild: Union Pacific

Wie sicher ist Bahnfahren?

Sinkende Unfallzahlen machen Mut

90

Die Anzahl der Eisenbahnunfälle mit Personenschaden in Deutschland in den Jahren 2009 bis 2021 zeichnet ein positives Bild: Sie werden weniger! Das geht aus einer aktuellen Veröffentlichung des Statista Research Department hervor. Doch auch wenn die Zahl der Unfälle gegenüber dem Vorjahr 2020 gesunken ist, so wurden im Jahr 2021 allein in Deutschland noch immer 395 Eisenbahnunfälle mit Personenschaden registriert.

Wie sicher ist Bahnfahren? Eine Frage, die sich viele Bahnreisende weltweit immer wieder stellen. Dabei ist die Eisenbahn nach wie vor das sicherste Verkehrsmittel auf deutschem Boden! Pro einer Milliarde Personenkilometer ist die Anzahl der getöteten Reisenden vergleichsweise gering. Die größte Anzahl von Todesopfern saß jedoch nicht in den Zügen. Hier waren es unautorisierte Personen, zum Beispiel an Bahnübergängen, die ihr Leben aufgrund ihrer Verhaltensweise aufs Spiel setzten. Dabei macht die Deutsche Bahn AG seit Langem auf die Gefahren auf oder an den Gleisen und an Bahnübergängen aufmerksam. Man wagt kaum darüber sprechen, aber auch die Anzahl der Verletzten oder Getöteten in den Zügen aufgrund gewalttätiger Übergriffe, mit welchem Hintergrund auch immer, hat zugenommen. Dabei haben sie weder mit der Deutschen Bahn AG, noch mit

Die 23 037 fiel im Bw Crailsheim mit der Vorlaufachse und allen Treibachsen in die Grube der Drehscheibe II. 1954 bei Henschel & Sohn in Kassel gebaut, wurde sie 1974 als 023 037-5 ausgemustert. Bild: Burkhard Wollny

dem fahrenden Material zu tun! Bei der Bahn selbst aber werden vor allem mehr Haltesignale überfahren. Deshalb will die DB Netze in den kommenden Jahren vor allem ältere Stellwerke vermehrt mit zusätzlichen elektronischen Absicherungen nachrüsten, um damit mögliche Fehlerquellen aus dem Weg zu räumen.

Nationale Unterschiede

Auch die vom Statistischen Bundesamt veröffentlichten Zahlen verdeutlichen den Rückgang der Opferzahlen. Waren es 2018 noch 723 Verunglückte, sank diese Zahl bis 2021 kontinuierlich auf 615. Die Zahl der Getöteten reduzierte sich im gleichen Zeitraum von 151 auf 124, bei den Schwerverletzten von 142 sogar auf 98 und bei den Leichtverletzten von 430 auf 393. Auffallend sind die angegebenen Zahlen bei den »sonstigen Personen“ im Vergleich zu den Fahrgästen und den Bahnbediensteten. In fast allen Kategorien liegen diese am höchsten. Alle Unfälle im Zusammenhang mit Eisenbahnen in Deutschland werden seit 1944 chronologisch aufgelistet. Im weltweiten Vergleich aber liegt Deutschland auf einem guten Platz. Die DB AG hat in ihre Infrastruktur viel investiert. In einigen europäischen Nachbarländern sieht das nicht ganz so positiv aus. Besonders Griechenland wird hier regelmäßig erwähnt.

Infolge eines Orkans entgleiste die Diesellokomotive 218 425-7 und rutschte vom Bahndamm. Glücklicherweise gab es keine Schwerverletzten. Bild: Gerhard Greß

Rechts vor links?

91 Bahngleis kreuzt Rollbahn

Es gibt tatsächlich Flughäfen, deren Rollbahn von einer Eisenbahn ebenerdig überquert wird! Drei Beispiele sind weltweit bekannt, eines am Flughafen von Gisborne, Neuseeland. Aber auch die Rollbahn des Flughafens Manakara an der Ostküste von Madagaskar kann ein solches Phänomen vorweisen.

Die rund 163 Kilometer lange Fianarantsoa-Côte Est (FCE)-Eisenbahn wurde zwischen 1926 und 1936 von den Franzosen gebaut. Hier wurden Schienen und Schwellen aus Deutschland als Reparationen aus dem Ersten Weltkrieg verwendet, was auch die vielerorts vorzufindenden Hinweise auf das Jahr 1893 erklärt. Die Linie verbindet Fianarantsoa mit der Hafenstadt Manakara. Aufgrund ihrer alternden Infrastruktur kann eine Fahrt nach Manakara auch mal über 12 Stunden dauern. Wer es eilig hat, nimmt lieber das Flugzeug – und landet auf Bahngleisen … Doch das scheint weder die knapp 40.000 Einwohner der Stadt zu stören, noch die Piloten, die neben ihren Aufgaben des Startens und Landens auch auf eine möglicherweise vorüberfahrende Eisenbahn achten müssen. Und tatsächlich ist es hier schon mehr als einmal knapp geworden. Passiert ist allerdings noch nichts.

Der Flughafen Manakara ist einer von drei, dessen Landebahn eine Eisenbahn kreuzt. Von beziehungsweise nach Manakara gibt es nur privat organisierte Flüge. Bild: Runway Railway-Crossing, Chirlula

Waffentransport per Bahn

92

Mammut-Mission Panzer-Transport

Mit einem Waffentransport per Bahn ist nicht etwa die Flinte eines Jägers gemeint, wobei hier zumindest erwähnt werden sollte, dass die Mitnahme von Waffen in den Zügen der Deutschen Bahn generell untersagt ist. Hier geht es um deutlich größere Geschütze, etwa um Panzer oder Haubitzen. Schon seit jeher wurden Eisenbahnen für Munitions- und Waffenlieferungen verwendet. Ob in den Weltkriegen oder aktuell mit dem russischen Angriffskrieg auf die Ukraine. Eisenbahnen werden vor allem immer dann eingesetzt, wenn es gilt, große Mengen an Gütern möglichst energieeffizient, schnell und ohne große Umwege zu befördern.

Doch für einen solchen Transport müssen diverse Voraussetzungen gegeben sein. Die Transporte bringen schließlich ein hohes Gewicht auf die Schiene. Daher muss zunächst geprüft werden, ob dem die Infrastruktur gewachsen ist. Doch gerade beim Oberbau der Schienen und den jeweiligen Brücken ist die aktuelle Infrastruktur in Deutschland nicht durchgängig geeignet für große Bewegungen dieser Art. Sie weist nicht überall die gewünschte Tragfähigkeit auf. Dabei wollte etwa die Deutsche Bundeswehr innerhalb von fünf Tagen »ready to move« sein, um schweres Gerät wie etwa Panzer zu verlegen.

Mit Hilfe eines Rampenwagens gelangen die Schützenpanzer SPz2000 auf die Autobahn Richtung Schießplatz Hinterrhein. Bild: Herbert Graf

Folgen des Klimawandels

93 Reaktionen der Deutschen Bahn

Schon lange sind die Folgen des Klimawandels zu spüren. Mildere Winter, heißere und trockenere Sommer, sowie sintflutartige Regenfälle sind die Folge. Das bekommt auch die Deutsche Bahn zu spüren. Immer häufiger knicken Sturmböen Bäume oder Masten um, reißen Oberleitungen herunter und blockieren Gleise. Die Schieneninfrastruktur der Bahn leidet aber auch durch immer häufiger auftretende Unterspülungen oder Hochwasser. Verspätungen und Zugausfälle nehmen zu. Die Bahn stellt sich dieser Herausforderung, übernimmt Verantwortung für die Umwelt und damit auch für die Gesellschaft.

Wetterextreme und die Folgen

Um auf mögliche Veränderungen durch den Klimawandel besser reagieren zu können, hat die Bahn das Potsdam-Institut für Klimafolgenforschung (PIK) beauftragt, diese Auswirkungen in Deutschland zu untersuchen. Dabei wurde in einer Studie, basierend auf der Analyse der zurückliegenden Wetterdaten, eine Modellrechnung für die Jahre 2031 bis

Die erste Probefahrt der Ahrtalbahn nach dem Wiederaufbau der Gleise bei Heimersheim. Hier mussten der Unter- und Oberbau vollständig erneuert werden. Bilder: Deutsche Bahn AG / Dominic Dupont

2060 erstellt. Dabei trat zutage, dass sich die klimatischen Veränderungen in den 34 deutschen Verkehrsregionen regional ganz unterschiedlich darstellen. Somit ist nicht überall gleichmäßig mit Eis oder Starkregen zu rechnen. Gleiches gilt für das Auftreten extremer Hitze. Mit diesen Erkenntnissen kann sich die Bahn gegen die Wetterextreme in den unterschiedlichen Regionen mit entsprechenden Maßnahmen wappnen und hat so einen großen Vorteil auf ihrer Seite: Sie kann klimabedingte Probleme früher erkennen, als das bisher der Fall war.

Mit ihren Schritten in eine Resilienzstrategie verfolgt die Bahn das Ziel, die Widerstands- und Anpassungsfähigkeit gegenüber Katastrophen zu stärken und damit die Existenzgrundlagen der Fahrgäste künftig besser zu schützen. Dabei spielen vor allem die Fragen »wie« und »wo« eine große Rolle. Mit ihrer Beantwortung kann die Deutsche Bahn auf die einzelnen Witterungsextreme schneller und vor allem effizienter reagieren. Ein trauriges Beispiel liefert die Hochwasserkatastrophe in der Eifel, die mit einem Schaden von über 1,3 Milliarden Euro einen gewaltigen Kraftakt für den Wiederaufbau darstellt. Hier sind sieben Strecken betroffen, die nahezu vollständig erneuert werden müssen. Hinzu kommen etwa 40 Stellwerke, 50 Brücken und über 1.000 Oberleitungs- und Signalmaste auf rund 600 Kilometern. Aber auch Bahnhöfe sind betroffen. Beim Wiederaufbau will die Bahn höhere Bahndämme und Brücken mit längerer Spannweite errichten, die nicht mehr, wie bisher, in dem Maße unterspült werden können oder sich Treibgut darunter verfangen kann.

Am 8. November 2021 wurde der erste Streckenabschnitt der stark zerstörten Ahrtalbahn zwischen Remagen und Ahrweiler wieder in Betrieb genommen.

Vollständige Kreislaufwirtschaft

Ressourcenschutz durch Recycling

94

Der Klimaschutz erscheint heute in nahezu allen Sparten höchste Relevanz einzunehmen. Das zeigt sich unter anderem im Pariser Klimaabkommen, das zur Bekämpfung des Klimawandels eine weltweite Klimaschutzvereinbarung vorgeben soll. Doch in vielen Fällen ist das nur eine Schönfärberei! Ist doch allerorts die Recyclingquote ein Thema. Für Kunststoffe lag sie im Jahr 2019 beispielsweise bei 55,2 Prozent. Das ist schön, doch wird der Kunststoffmüll in vielen Fällen zu Ballen gepresst nach China verschifft und dort – nun das überlassen wir den anderen … Bei den Eisenbahnen hingegen sieht das mit der Recyclingquote schon erfreulicher aus.

Steigende Recyclingquoten

Ein nachhaltiger Umgang mit den Ressourcen schont die Umwelt und damit das Klima. Die Deutsche Bahn AG (DB) setzt in der Zukunft konsequent auf den Schutz wertvoller Ressourcen. Betroffen sind vor

Bei A&M Recycling, einem im Bereich des lokalen, nationalen und internationalen Recyclings tätigen Großbetriebes, wurden Personenwagen der RhB abgebrochen. Die Drehgestelle werden zur weiteren Verwendung wieder an die RhB zurückgegeben. Bilder: Herbert Graf

allem Materialien, wie Stahl und Beton. Hier hat man sich ehrgeizige Ziele gesetzt: Bis zum Jahr 2030 soll etwa der Recycling-Anteil beim Schienenstahl auf 45 Prozent nahezu verdoppelt werden. Eine Verdreifachung auf rund 40 Prozent wird beim Gleisschotter angestrebt. Mit einem zusätzlichen Einsatz von Recycling-Materialien will die DB mindestens 300.000 Tonnen CO_2 einsparen. Das wären dann rund zehn Millionen Tonnen neues Material, das sich die DB sparen kann.

Darüber hinaus setzt die DB als einer der wichtigsten Marktteilnehmer auf strategische Partnerschaften mit Industriepartnern und Lieferanten, um die Entwicklung von recycelten und recyclingfähigen Produkten voranzutreiben. Erfreulicherweise hat sich die Herangehensweise in Europa weitestgehend durchgesetzt. Doch das war nicht immer so. Auch heute noch wird das nicht in allen Ländern der Erde praktiziert. Ausgedientes rollendes Material oder Einrichtungen der Bahn werden einfach der Natur überlassen, bis sie verrottet sind. Und es geht noch schlimmer! So mancher Eisenbahnwagen wird, um ihn zu beseitigen, angezündet. Von einer grünen Transformation also keine Spur! Gleiches gilt für das Abfallmanagement. Immerhin: Hier ist die DB in Europa Vorreiter: Ihre Recyclingquote liegt aktuell bei mehr als 95 Prozent. Die DB legt für sich die Messlatte hoch an: Bis 2040 denkt man in der Konzernzentrale an eine vollständige Kreislaufwirtschaft und somit an eine Klimaneutralität. Damit treibt sie in den vier umweltbezogenen Handlungsfeldern Ressourcenschutz, Klimaschutz, Naturschutz und Lärmschutz ihre Aktivitäten voran.

Hier findet ein Teilstück des EW I A1224 den Weg zum alten Eisen bei A&M Recycling in Untervaz-Trimmis. Ein Bild, das hoffen lässt.

Wenn das Rot verblasst

Das Ende einer ganz Großen ihrer Art

95

Wer mit der Bahn über den Hindenburgdamm nach Sylt fuhr, im Allgäu und natürlich mit Wendezügen im Vorort-Verkehr unterwegs war, der erinnert sich sicher an das Brummeln der Baureihe 218. Viele Jahrzehnte bestimmte sie als Zug-, Schublok oder in Doppeltraktion das Bild abseits der elektrifizierten Hauptstrecken bei der Deutschen Bundesbahn und noch lange bei der Deutschen Bahn. Ab 1963 in Serie gebaut und ab 1968 als 216 bezeichnet, entstammt sie der V 160-Familie.

Die 218er: längst eine Legende

Auf der Suche nach einer leistungsstärkeren Motorisierung wurden bereits Ende 1966 Vorserienlokomotiven mit einem neuen MAN-Zwölfzylindermotor mit einer Nennleistung von etwa 1.840 kW bestellt, 1969 die ersten Serienlokomotiven. Mit der dritten Bauserie konnte die Leistung auf 2.060 kW nochmals angehoben werden. 1979 endete schließlich die Beschaffung der Streckendieselloks für die Deutsche Bundesbahn. Mit der Zunahme der Elektrifizierung zahlreicher Strecken, sowie dem Einsatz energieeffizienter Dieseltriebzüge, wird den noch heute vorhandenen 218ern ein sicheres Ende bereitet.

Die Baureihe 218 in Doppeltraktion im Hbf Stuttgart. Im November 2021 aufgenommen, ist das inzwischen bereits Geschichte. Die Erinnerung bleibt jedoch. Die »NeSA« 218 155-0 zusammen mit einer weiteren 218 kurz nach ihrer Ankunft. Bild: Walter Ruetsch

Zweckentfremdungen

96

Für was Eisenbahnen herhalten müssen

Noch immer können Eisenbahnfahrzeuge oder Gerätschaften der Bahn in Vorgärten, in Vereinsheimen, aber auch Hobbykellern bewundert werden. So manches bahntechnische Gerät oder Fahrzeug wurde von der Deutschen Bundesbahn, der Deutschen Bahn AG sowie von Firmen- und Privatbahnen aufgegeben, in der Regel für kleines Geld an private Interessenten verkauft und fristet seither beispielsweise in einem Vorgarten sein Dasein.

Das hat jedoch viele ungeahnte Vorteile. Zunächst wurden sie durch ihren Einsatz als »Gartenbahn« vor dem Hochofen gerettet. Zudem können sie aber auch wieder reaktiviert werden. Nicht gerade selten wurden solche Wagen oder Lokomotiven bereits von so mancher Museumsbahn oder von Museen gekauft, wieder restauriert und ausgestellt. Nicht wenige ehemalige Besitzer sind dann stolz, wenn sie ihre ehemalige »Gartenlaube« bei aktiver Fahrt, eingereiht in der Garnitur eines Museumszugs, bewundern können. Nach vielen Jahren im Privatbesitz werden solche Schätze von den Besitzern, aber auch den Museumsbahnen oder Museen angeboten und dabei oftmals sogar unentgeltlich überlassen.

Eine von vielen Möglichkeiten, bahntechnische Bauteile auch nach ihrer Aufgabe von der Bahngesellschaft zielführend einzusetzen! Bild: Herbert Graf

Watt denn?

Auf dem Lorendamm zur Hallig

97

Die Hallig Nordstrandischmoor misst gerade einmal 1,9 Quadratkilometer und wird von etwa 20 Menschen bewohnt. Heute kann man sich das fast nicht mehr vorstellen, doch noch zu Beginn des 20. Jahrhunderts gab es keinen Schienenanschluss, die Menschen lebten – abgesehen von einer selbstorganisierten Bootsverbindung – völlig isoliert. Etwa 1934 wurde jedoch ein rund 6 Kilometer langer Steindamm im Wattenmeer aufgeschüttet. Das Marschenbauamt hatte dem Wunsch der Halligbewohner nach einer festen Verbindung zum Festland zugestimmt.

Der Damm diente vorrangig zum Transport von Material zur Befestigung der Lahnung gegen Unterspülungen dieser Uferschutzanlage. Natürlich werden mit den offenen Loren auch Lebensmittel und Menschen transportiert. Betrieben wird die Strecke vom Landesbetrieb für Küstenschutz, Nationalpark und Meeresschutz Schleswig-Holstein (LKN-SH) in Husum. Neben den Lokomotiven und Wagen des Amtes, ist es den Einwohnern der Hallig auch gestattet, mit eigenen Motorloren die Strecke zu befahren. Sie dürfen jedoch die Züge der LKN-SH nicht behindern. Die Strecke verfügt über ein paar Ausweichgleise und endet auf der Hallig Nordstrandischmoor.

Die Halligbahn Lüttmoorsiel–Nordstrandischmoor mit ihrer Spurweite von 600 Millimetern führt auf einem Steindamm schnurgerade durchs Wattenmeer. Bild: Herbert Graf

Lost and found

98

Fundsachenmanagement der Bahn

Wer reist, hat nicht selten Gepäck bei sich. Oft bleibt etwas davon liegen. Allein in Deutschland passiert das jedes Jahr etwa 250.000-mal in Bahnhöfen oder Zügen der Deutschen Bahn. Das sind fast 700 vergessene Dinge jeden Tag! Die DB berichtet hier auch von kuriosen Dingen, wie etwa Prothesen, Brautkleider oder einer Richterrobe. Sogar Waffen oder Drogen befinden sich unter den vergessenen Stücken. Dann wird natürlich die Polizei verständigt. Verderbliche Waren werden von der DB fachgerecht entsorgt. Alle anderen Gegenstände kommen zunächst in eines der über 80 lokalen Fundstellen.

Überraschenderweise liegt die Rückführungsquote bei fast 60 Prozent, bei hochwertigen Warengruppen sogar bei bis zu 90 Prozent. Die Fundstücke werden in der Datenbank »verloren&gefunden« erfasst und geprüft, ob jemand nach dem Gegenstand sucht. Gelingt es nicht, die Besitzer ausfindig zu machen, geht das Fundstück in das zentrale Fundbüro nach Wuppertal. In der Regel werden sie dann nach 90 Tagen in einer der rund 60 Auktionen pro Jahr versteigert.

In der Eile vergessen! Solche Fundstücke führen zu einem erheblichen Aufwand für die Bahn. Der Erlös aus den Versteigerungen wird für die Besitzerin oder den Besitzer drei Jahre lang aufbewahrt. Ab einem Wert von 50 Euro besteht übrigens Anspruch auf einen Finderlohn. Bild: Deutsche Bahn AG, Max Lautenschläger

Bahn-Zeit

99

Kann ich die Uhr nach der Bahn stellen?

Dass die Eisenbahn für eine einheitliche Zeitmessung verantwortlich ist, dürfte längst bekannt sein. Aus den sogenannten Regionalzeiten gingen zu viele Gefahren für Eisenbahnunfälle aus. Und obwohl davon auszugehen ist, dass im Grunde jeder eine Uhrzeit bei sich trägt, verwaltet die Deutsche Bahn AG noch immer an die 120.000 Uhren an ihren Bahnhöfen, Automaten, Diensträumen oder den Informations- und Sicherungssystemen. Dabei haben inzwischen die meisten Menschen in Deutschland ein Handy und damit auch immer die genaue Uhrzeit. Da auch die gute alte Armbanduhr noch lange nicht ausgedient hat, könnte man eigentlich davon ausgehen, dass es die vielen Bahnhofsuhren gar nicht mehr bräuchte.

Gemäß der Beförderungsbedingungen der Deutschen Bahn AG muss an den Bahnhöfen und damit an den Bahnsteigen eine einheitliche und korrekte Anzeige der Uhrzeit gewährleistet werden. Da aufgrund der zunehmenden Zuglängen zudem die Bahnsteige immer länger werden, müssen hier zusätzliche Uhren angebracht werden. Die Bahn als Einrichtung nimmt hierbei eine fürsorgliche Rolle ein. Schließlich kann es vorkommen, dass ein Smartphone oder die Armbanduhr eines Fahrgastes nicht ordentlich funktioniert oder einfach zu Hause vergessen wurde.

Bahnhofsuhren sorgen auch heute noch für Pünktlichkeit, ob in Deutschland oder hier in Chur mit dem Felsberger Calanda 2.697 m ü. M. Bild: Herbert Graf

Hoch über dem Polarkreis

100

Die nördlichste normalspurige Bahnstrecke Europas

Große Vorkommen an Eisenerz bei Kiruna und Gällivare erforderten den Bau einer Eisenbahnstrecke. In Anbetracht der großen wirtschaftlichen Bedeutung wurde 1888 eine erste Strecke vom schwedischen Luleå über den Polarkreis zur Abbaustätte errichtet. Probleme mit der Trasse, der lange Transportweg und vor allem die regelmäßige winterliche Vereisung führten zum Beschluss des schwedischen Parlaments, eine weitere Bahnstrecke zur norwegischen Hafenstadt Narvik zu errichten. 1899 konnte dieser Abschnitt eröffnet werden.

Bereits in den 1920er-Jahren war die gesamte Erzbahn elektrifiziert. In den darauffolgenden Jahrzehnten wurde die Strecke immer wieder erweitert und verstärkt. Hier sind mit über 8.000 Tonnen die weltweit schwersten Erzzüge unterwegs. Gezogen werden sie von Doppellokomotiven der schwedischen Erzbahnverkehrsgesellschaft LKAB Malmtrafik AB. Ihr Name »IORE« stammt von der Ableitung aus dem englischen iron ore, Eisenerz. Die Lokomotiven der Hersteller ADtranz und Bombardier Transportation wurden ab 2000 in Dienst gestellt. Mit einer Leistung von 2 x 5.400 kW gehören sie zu den leistungsfähigsten Elektrolokomotiven der Welt.

»Zug-Kraft«: Die Elektrolokomotiven LKAB IORE 105 und 126 ziehen einen Erzzug zum Hafen von Narvik. Mitte Oktober sind hier die Tage bereits sehr kurz. Bild: Andreas Hackenjos

Weihnachtsstimmung

101 Einer der schönsten Momente mit der Bahn

In dieser bezaubernden Winterlandschaft ist ein »Domino« auf seiner gut einstündigen Fahrt von Bern nach Bulle unterwegs. Diese Aufnahme entstand zwischen Sâles und Vaulruz. In die Gesamtstrecke ist heute auch die Chemin de fer Bulle–Romont, die einstige Eisenbahngesellschaft im Schweizer Kanton Freiburg, eingebunden.

Bei diesem 18,1 Kilometer langen Abschnitt aus dem Jahr 1868 der Bulle-Romont-Bahn handelt es sich um die älteste Schweizer Bahnstrecke, die nicht zur SBB gehört. Seit 1942 ist sie Teil der normalspurigen Strecke der Transports publics fribourgeois, der TPF. Heute wird die Strecke von Bern an über Düdingen–Freiburg–Romont–Bulle in einem halbstündlichen Takt von der TPF bedient. Dazu wurden ab 1984 Triebwagen der Baureihe RBDe 4/4 angeschafft. Ab 1990 lautete ihre Bezeichnung RBDe 560. Bis 2013 wurden die als Neuer Pendelzug, NPZ, benannten Fahrzeuge modernisiert und mit zusätzlichen Zwischenwagen ergänzt. Die Baureihenbezeichnung RBDe 560 behielten sie, als Regionalverkehrs-Komposition erhielten sie allerdings die Bezeichnung »Domino«.

Eine Fahrt am 23. Dezember zwischen Sales und Vaulruz in dieser Winterlandschaft lässt weihnachtliche Gefühle aufkommen. Der SBB RBDe 560 »Domino« ist als RE 3818 von Bern nach Bulle unterwegs. Bild: Stefan Wohlfahrt

Quellenangaben

Archivio Storico Fondazione Piaggio Onlus, Via Rinaldo Piaggio, 7, 56025 Pontedera (PI)
Bahndampf – das Zug-Portal, Rudower Chaussee 17, 12489 Berlin
Beijing–Shanghai high-speed railway Co., Ltd., China
DB-Konzern – PR & Interne Kommunikation, DB Mobility Logistics AG, Potsdamer Platz 2, 10785 Berlin
DB Mobility Logistics AG
Deutsche Bahn Museum Nürnberg, Lessingstraße 6, 90443 Nürnberg
Ffestiniog & Welsh Highland Railways, Harbour Station, Porthmadog, Gwynedd
Förderkreis Bahnhof Belvedere e. V.
Fremdenverkehrsamt der Volksrepublik China, Ilkenhansstraße 6, 60433 Frankfurt
Furness Railway Trust, Ribble Steam Railway, Preston, Lancashire, England
KiwiRail, 604 Great South Road, Ellerslie 1051 Private Bag 92138, Auckland Mail Centre
L'Aventure Michelin, Clermont-Ferrand, Frankreich
Lernidee Erlebnisreisen GmbH, Kurfürstenstraße 112, 10787 Berlin
LVMH, Paris, Frankreich
Museumsbahn Blonay–Chamby, Pl. de la Gare 3, 1807 Blonay, Schweiz
Rhätische Bahn AG, Bahnhofstrasse 25, CH-7001 Chur
SBB Historic – Stiftung Historisches Erbe der SBB, Lagerstrasse, 5210 Windisch, Schweiz
Stiftung Sächsische Schmalspurbahnen, Am Alten Güterboden 4, 01445 Radebeul
Südwestrundfunk SWR, Eisenbahn-Romantik
Technisches Museum Wien, Mariahilfer Straße 212, 1140 Wien, Österreich
Technische Universität München, Arcisstraße 21, 80333 München
Union Pacific Railroad, Omaha, Nebraska, Vereinigte Staaten

Impressum

Verantwortlich: Jerome P. Schäfer
Produktmanagement, Lektorat, Layout textbildsinn – Lothar Reiserer
Korrektorat: Ralf J. Klumb | The Wordworms
Repro: Ludwig: media
Herstellung: Julia Hegele
Printed in Türkiye by Elma Basim

★★★★★

Sind Sie mit diesem Titel zufrieden? Dann würden wir uns über Ihre Weiterempfehlung freuen. Erzählen Sie es im Freundeskreis, berichten Sie Ihrem Buchhändler oder bewerten Sie bei Ihrem nächsten Onlinekauf. Und wenn Sie Kritik, Korrekturen oder Aktualisierungen haben, freuen wir uns über Ihre Nachricht an Geramond Verlag, Postfach 40 02 09, D-80702 München oder per E-Mail an lektorat@verlagshaus.de.

Unser komplettes Programm finden Sie unter 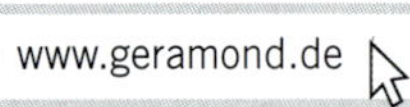

Die Deutsche Nationalbibliothek verzeichnet diese Publikation in der Deutschen Nationalbibliografie; detaillierte bibliografische Daten sind im Internet über http://dnb.d-nb.de abrufbar.

Bildnachweis Umschlag
Vorderseite: Bildmontage unter Verwendung von Motiven von Stefan Friesenegger und Holger Droschek
Rückseite: Big Boy Nr. 4014, © Union Pacific
Innenklappe vorne: Korbinian Fleischer
Innenklappe hinten: Richard Anthony

1. Auflage

ISBN 978-3-96453-284-8